IDENTITÉ, SEXUALITÉ

Des repères pour aujourd'hui

Ouvrage du même auteur :

Vivre l'angoisse autrement, EdB, 2006.

ISBN 978-2-84024-420-2

Société des œuvres communautaires, novembre 2012
Conception de la couverture : mc-design - Martin Casteres
Illustration de couverture : © istockphoto - Milos Luzanin

DOCTEUR LOUIS MASQUIN

IDENTITÉ, SEXUALITÉ

Des repères pour aujourd'hui

EdB

« Dieu créa l'homme à son image,
à l'image de Dieu il le créa,
homme et femme il les créa. »
(Genèse 1, 27)

À mon épouse, Chantal.
À nos enfants et petits-enfants
Luc, Claire, Thibault, Loïc, Matthieu.
À sœur Marie-Pascale Jégou
et Anne Dahler,
en remerciement pour leur aide précieuse.

Introduction

Ce par quoi une personne est reconnue et se reconnaît comme telle définit l'identité. Celle-ci se constitue au fil des années, mais reste toujours à faire parce qu'elle est en devenir, compte tenu des relations avec les autres et avec le monde extérieur qui l'environne.

Nous vivons une époque étonnante. Chaque époque l'a probablement été, mais la multiplication actuelle des paradoxes conduit à nous interroger. Nous sommes entrés dans un siècle de relativisme, d'amalgames divers et de confusion. Nous vivons également dans l'époque de l'immédiateté et du désir individuel, ou plutôt de ce que nous qualifions de désir alors qu'il est créé de toutes pièces par le monde alentour et confondu avec un besoin : « tout-tout-de-suite-du-moment-que-tu-en-as-envie-et-que-tu-penses-que-c'est-bon-pour-toi ». La sexualité n'a pas échappé à cela. Il est vrai que les réalités de la vie sexuelle prennent d'abord en compte l'histoire personnelle et la structuration psychoaffective propre, mais elles intègrent également le contexte social et culturel dans lequel nous vivons.

Les progrès des sciences humaines, ces dernières décennies, ont mis à jour toute une somme de connaissances qui peuvent favoriser l'épanouissement de la personnalité. Des rayons entiers dans les librairies nous le proposent. Les innombrables recettes montrent que ce n'est pas aussi simple. De fait, les personnes reçues en accueil nous expriment leur souffrance, la fréquence d'une mauvaise estime de soi et d'une profonde dévalorisation, la place de la dépression [1], de l'angoisse ou de l'anxiété, omniprésente bien qu'elle soit cachée sous des comportements divers (dont les addictions), mais aussi leurs questionnements concernant la vie personnelle, affective, conjugale et familiale.

La libération de la parole a permis d'aborder certains sujets dont les blessures affectives et sexuelles qui remontent à un âge précoce, violences faites à l'enfant que devrait pourtant protéger la convention des Droits de l'Enfant (1989) dont on peut se demander si elle n'est pas restée lettre morte dans bien des pays, pas forcément très éloignés de chez nous. Certaines interventions, lors des débats sur la révision des lois de la bioéthique en France en février 2011, témoignent du peu d'importance donnée à l'embryon, quand elles ne nient pas sa nature humaine. Nous connaissons également aujourd'hui la richesse des échanges entre un fœtus et sa mère durant la grossesse, puis un nouveau-né à sa naissance, alors qu'en même temps se multiplient les mères porteuses, pratique requalifiée de gestation pour autrui, ce qui veut signifier un geste pleinement altruiste, mais dont les dérives peuvent être sans limites [2].

---

1. L'Organisation mondiale de la santé fait de la dépression la deuxième maladie, après les maladies cardiovasculaires, dans les dix ans qui viennent. Nous sommes très directement en présence d'un phénomène de société et déjà en 1999, une table ronde du forum économique mondial de Davos avait eu pour thème la question : « La dépression est-elle le cancer du XXIe siècle ? ».

2. Une nouvelle pratique de « gestation par correspondance » paraît se développer. Les embryons, conçus avec les gamètes du couple, sont acheminés par courrier jusqu'à une clinique où ils seront implantés dans l'utérus d'une mère porteuse. Les embryons congelés sont conservés dans des paillettes et acheminés dans du nitrogène à -196°. Le courrier arrive en trois ou quatre jours et coûte entre 50 000 et 60 000 roupies (environ 1 000 euros). Cette pratique se développe parce qu'elle fait gagner « et du temps, et de l'argent » selon le Dr Manish Banker. Information parue dans *Contact génétique* de la Fondation Lejeune, 6 septembre 2010, à partir de

Nous vivons dans un monde envahi par le sexe, où tout est permis, ce qui est censé apporter libération et réalisation de soi, alors que nous constatons souvent un non-amour de son propre corps, parfois mutilé. Et fleurissent, là encore, des techniques diverses pour « être bien dans sa peau ». Alors que dans la sexualité, trois dimensions se reconnaissent (la relation, la fécondité et le plaisir), bien souvent elle ne prend plus comme référence l'Autre, la relation à autrui, mais obéit au seul diktat de la jouissance personnelle, parfois même dans l'immédiateté de l'instant. De surcroît, elle est, la plupart du temps, déconnectée de la transmission de la vie.

Tout doit être vu, étalé aux yeux de tous. Rien ne favorise l'intériorité, la rencontre avec soi-même. Cependant, la multiplication des stages de méditation, quelle qu'en soit la couleur, montre bien que la société en a peut-être assez de ce déferlement « d'extériorité » et d'exhibitionnisme dont se repaît la florissante « presse people ».

Des données telles que l'identité sexuelle paraissaient solides. Elles sont aujourd'hui remises en question. Ne faut-il pas réfléchir sur ce qu'est un homme et une femme ? Sur leurs différences faites pour la rencontre ? Ne faut-il pas promouvoir le respect mutuel au lieu de consommer du sexe, et particulièrement le corps féminin ? Il semble que la libération de la femme a abouti à un résultat pour le moins paradoxal : la marchandisation à outrance de son corps qui aboutit à ce que « tout se négocie ».

L'arrivée et le rapide développement d'Internet ont également bouleversé le comportement de nos contemporains vis-à-vis de la sexualité et ce à de nombreux niveaux : la visite des sites (la moitié des sites Internet sont pornographiques et le sexe fait partie, avec les armes et la drogue, de trois industries majeures) ; l'éducation sexuelle (certains sites

---

plusieurs sources : The Times of India (Radha Sharma) 29/08/10 – Bioedge (Jared Yee) 04/09/10 – Arte 03/09/10.

sont effectivement éducatifs, mais on sait également que les enfants visionnent de plus en plus jeunes des vidéos à thème sexuel et pornographique) ; les modalités de rencontre, dont les sites se multiplient régulièrement, et enfin le cybersexe, qu'il s'agisse d'addictions au sexe ou de la cyberpédophilie.

On peut encore constater les modifications profondes de la famille ces dernières décennies. Depuis 2010, davantage d'enfants naissent aujourd'hui hors mariage. Les divorces sont nombreux, source de souffrances tant pour les adultes confrontés à leur échec que pour les enfants [3]. Mais prépare-t-on réellement nos contemporains à mettre en place un cadre stable, une fidélité dans l'engagement, l'apprentissage du dialogue indispensable pour qui veut durer? Il existe une exigence de vérité et de liberté. Mais qu'est-ce que la liberté ? Qu'est-ce que la vérité ? Est-ce que tout se vaut ? Peut-on tout expérimenter sans aucune conséquence ? Ce questionnement est souvent éludé car il gêne.

Au cœur de ce monde, de grandes voix, telle celle du bienheureux Jean-Paul II le Grand qui, avant d'être pape, avait accompagné de très nombreux couples, se font entendre. Elles nous parlent d'une façon radicalement différente, celle de l'amour, du respect, de la dignité. Des millions de jeunes ont entendu l'appel du vieux Pape malgré sa santé défaillante. Parce que ce qu'il disait était un discours de vérité sur l'Amour.

---

3. Une enquête menée via Internet par l'Union des familles en Europe, en février 2011, montre que la souffrance des enfants du divorce est indéniable bien que leur situation soit banalisée. Cette séparation a eu des effets à long terme sur la personnalité de près de 9 participants sur 10 (alors même que plus de la moitié des divorces se fait par consentement mutuel) avec une perte de confiance en eux et des dépressions. Le divorce a également eu des conséquences sur leur réussite scolaire (raccourcissement de la scolarité, augmentation du taux d'échecs au bac) et donc sur la vie professionnelle ultérieure des enfants. 40 % des enfants n'ont pas maintenu de liens réguliers avec le parent qui n'avait pas leur garde, le plus souvent leur père ; mais plus tard, 9 fois sur 10, ils ont rétabli le contact.

Des millions de jeunes répondent à l'appel de Benoît XVI, parce que ce même discours, souvent exigeant, les interroge au fond d'eux-mêmes sur la vérité et la liberté.

Ce livre n'est pas un livre sur la sexualité, il en existe tellement, mais veut être simplement un outil. Outil de connaissances, abordant différents sujets avec une approche multidisciplinaire (biologique, médicale, psychologique, sociologique, juridique pour la pédophilie, mais aussi ce que nous dit l'Église catholique), chaque chapitre faisant un tout. Outil de réflexion, également, en dehors de toute pression médiatique, sur quelques-unes de ces questions concernant l'identité et la sexualité. Mieux vaut les poser aujourd'hui et prendre le temps de s'y arrêter. Que le lecteur veuille bien pardonner la technicité de certaines données : il nous a paru essentiel de les exposer pour lui permettre une juste approche de sujets complexes.

Chapitre 1

L'identité

L'identité est l'ensemble des caractères par lesquels une personne se reconnaît et est reconnue comme telle par le groupe, « sans nulle confusion grâce aux éléments qui l'individualisent », ajoute le dictionnaire *Le Petit Robert*. En fait, cette notion, qui paraît simple à première vue, peut être appréhendée à plusieurs niveaux.

1. L'identité administrative

La première identité est l'identité administrative. Nos papiers d'identité, carte nationale d'identité, passeport (qui signent notre nationalité), portent les éléments qui nous individualisent : nom patronymique, prénom, photo, date et lieu de naissance, sexe, taille, éventuellement un signe particulier, lieu de résidence, lieu de délivrance et date de validité, enfin nos empreintes digitales déposées sur la demande officielle de papiers d'identité. Le livret de famille comporte en outre des éléments de filiation entre les parents et les enfants, qu'ils soient vivants ou décédés [1].

1. On sait par ailleurs que depuis le décret du 20/08/2008, les parents d'un enfant mort-né ont désormais la possibilité de demander que cette naissance soit mentionnée sur le registre de l'état-civil et sur leur livret de famille.

Nous en dégageons donc trois séries d'information :

– les données administratives, officielles, qui permettent de certifier son identité ;

– l'identité de sexe : mâle ou femelle ;

– des éléments familiaux, générationnels.

C'est-à-dire des éléments qui définissent à la fois l'identité, la différence sexuelle et la différence des générations dans leur succession. En France, les documents administratifs ne comportent pas d'éléments religieux ou communautaires. Cette identité ne pourra pas être changée. La France connaît le principe de l'indisponibilité de l'état des personnes [2].

On sait que notre identité profonde est *d'être* corps, âme et esprit. Ainsi, le corps n'est pas simplement une partie de la personne. Il nous fait reconnaître, il *est* la personne. Nous *sommes* des personnes incarnées et notre signature spécifique est d'abord au niveau de notre incarnation.

2. L'identité sexuelle

L'identité sexuelle est de deux ordres : mâle ou femelle.

Elle recouvre généralement la notion de genre humain, divisé en masculin ou féminin, et on parle alors d'identité de genre. Traditionnellement, le genre masculin se réfère au sexe

---

2. Le principe juridique de l'indisponibilité du corps humain énonce qu'une personne n'est pas propriétaire de son corps et que nul autre ne l'est. Il est lié à celui de la dignité de la personne humaine et inscrit dans le code civil (art. 16 sq.) depuis la loi de bioéthique de 1994. Il existe une exception dans le cas du changement de sexe. La Cour européenne de justice a estimé dans un arrêt du 25/03/1992 que le principe de l'indisponibilité de l'état des personnes ne s'oppose pas à un changement de sexe en cas de transsexualisme vrai, lorsque la discordance entre le sexe psychologique et le sexe génétique est indépendante de la volonté du sujet, irrésistible, prépondérante et irrémédiablement acquise. En France, l'assemblée générale de la Cour de cassation a donc pris acte de cette décision le 11/12/1992 et permet ainsi de donner suite aux procédures pour rectification d'état-civil en cas de changement de sexe.

mâle et le féminin au sexe femelle, mais l'évolution actuelle de la société fait que cette équation n'est plus systématique. La notion d'identité de genre renvoie également aujourd'hui à un élément plus personnel, à savoir **la conviction d'appartenir au sexe masculin ou féminin**.

L'identité sexuelle s'appuie sur des données précises :

– *Le sexe anatomique*, fondé sur les différences anatomiques des sexes : caractères sexuels primaires présents à la naissance et caractères sexuels secondaires apparaissant à la puberté.

– *Le sexe génétique*, notre signature, notre *identité chromosomique*. Cette identité est *sexuée*, divisant l'espèce humaine en deux sexes : masculin (chromosomes XY) ou féminin (XX) [3]. On sait combien l'étude de l'ADN est précieuse dans certaines affaires de justice ou pour les enquêtes policières ou les recherches de paternité [4].

---

3. Le sexe de l'enfant est déterminé au moment même de la conception. En effet, l'ovule de la femme est toujours porteur du chromosome X tandis que le spermatozoïde de l'homme est porteur soit du chromosome X, et dans ce cas ce sera une fille (XX), soit du chromosome Y et alors ce sera un garçon (XY). C'est donc le spermatozoïde qui détermine le sexe de l'œuf obtenu après la fécondation de l'ovule.
La fécondation est la rencontre entre un ovule (la cellule de reproduction, ou gamète, femelle) et un spermatozoïde (le gamète mâle), chacune des cellules ne contenant que 23 chromosomes, ce sont des cellules haploïdes, alors que les cellules humaines, qui sont diploïdes, contiennent 46 chromosomes. (Dans toute cellule humaine, en dehors des gamètes de reproduction, les chromosomes vont par paire : 23 paires. Chaque paire contient un chromosome venant du père et un venant de la mère.)
La fusion de ces deux cellules (plus précisément du noyau de l'ovule et du spermatozoïde) donne une seule cellule, puis l'embryon (les soixante premiers jours de la grossesse), le fœtus et enfin le nouveau-né.

4. Les jumeaux « homozygotes » (les vrais jumeaux) ont le même ADN mais il existe des « marques épigénétiques » c'est-à-dire des modifications chimiques de l'ADN ou des protéines qui

Pour en savoir plus
La formation de l'identité sexuelle est un processus complexe qui commence à la conception, se poursuit avec le développement du fœtus dans l'utérus et plus tard, par l'interaction avec des facteurs après la naissance.
En effet, la détermination chromosomique du fœtus se fait d'emblée, dès la conception, et la différenciation sexuelle se forme par des déterminations biologiques précoces au cours du développement intra-utérin, déterminations hormonale et neurobiologique.
À partir de la septième semaine embryonnaire se développent les gonades fœtales (testicules, ovaires) vers la masculinisation par l'action directe de la testostérone et vers la féminisation en l'absence de cette hormone. La différenciation sexuelle des organes génitaux se déroule donc essentiellement dans les deux premiers mois de la grossesse et *quatre mois après la conception, le développement des organes génitaux est accompli.*
La différenciation sexuelle du cerveau s'effectuera dans la seconde moitié de la grossesse. Selon les données animales, l'hypothalamus commence alors à s'organiser différemment chez les mâles et les femelles.
Ces déterminations biologiques, génétiques, hormonales et neurobiologiques sont soumises ultérieurement aux *facteurs après la naissance*, l'environnement et son intrication avec l'histoire individuelle de la personne. L'influence de ces facteurs a longtemps été privilégiée (sinon considérée comme exclusive), mais est aujourd'hui un peu plus relativisée depuis les travaux récents sur la détermination sexuelle de l'embryon.
Si l'identité sexuelle correspond le plus souvent à l'orientation sexuelle, ce n'est cependant pas toujours vrai. En effet, l'orientation sexuelle (hétérosexualité, homosexualité ou bisexualité) pose un autre problème car on est, aujourd'hui beaucoup moins qu'auparavant, dans une position tout noir/tout blanc par rapport à la sexualité de chacun. Ainsi, le

en constituent la base, ce qui a fait dire que l'épigénétique était un concept qui dément en partie la « fatalité » des gènes.

sexologue américain Alfred Charles Kinsey [5] a proposé une échelle définissant six niveaux qui vont de l'hétérosexualité exclusive (niveau 0) à l'homosexualité également exclusive (score 6), avec des degrés intermédiaires entre les deux, la bisexualité étant le niveau médian : trois.
Cependant, il est des cas où la nature elle-même pose des problèmes complexes. Il en va ainsi des phénomènes d'**intersexualité** [6] **:** le rare hermaphrodisme vrai [7] ou plus fréquemment le pseudo-hermaphrodisme masculin (caryotype XY) ou féminin (XX) où la morphologie externe des organes sexuels est ambiguë, de sorte qu'à la naissance, il peut être difficile de déterminer clairement s'il s'agit de garçons ou de filles.
Par ailleurs, il existe des **anomalies chromosomiques** qui font que les organes externes peuvent correspondre à ceux d'un sexe, mais ne correspondent pas aux gènes de l'enfant ; son évolution physique et intérieure peut alors être difficile, voire impossible à prévoir.

Parmi les anomalies chromosomiques, on peut citer le *syndrome de Klinefelter* : chez des sujets de morphologie masculine, il y a la présence d'un chromosome X supplémentaire, soit 47 chromosomes : XXY, avec diverses conséquences, dont la stérilité. Si un surnombre de chromosomes existe, l'inverse est tout aussi possible : dans le *syndrome de Turner*, la personne atteinte ne possède qu'un seul chromosome X (45 X).
Les problèmes peuvent également se situer **au niveau des hormones.** Un problème d'imprégnation hormonale pendant la grossesse peut se poser : une femme poursuivant la prise de la pilule, par exemple, ou encore le « syndrome d'insensibilité complète aux androgènes » c'est-à-dire aux

---

5. Alfred Charles Kinsey (1894-1956) est célèbre pour avoir publié deux importantes études sur le comportement sexuel de l'homme et de la femme : *Sexual Behavior in the Human Male* (1948) et *Sexual Behavior in the Human Female* (1953).

6. On dénombre un enfant intersexué pour 1 000 naissances.

7. L'enfant est morphologiquement mâle et femelle, avec présence simultanée de tissus testiculaires et ovariens, conduisant au développement de structures masculines (pénis érectile et prostate) et féminines (vagin et utérus).

hormones mâles [8]. L'existence d'enfants intersexués est à l'origine de l'hypothèse selon laquelle l'identité sexuelle d'une personne est indéterminée à la naissance et qu'elle se détermine dans la petite enfance du fait des organes sexuels externes de l'enfant et de l'éducation reçue. Ce qui a entraîné, pour beaucoup d'enfants nés intersexués, des interventions « correctrices » (c'est-à-dire consistant à transformer en filles des enfants dont le sexe chromosomique était XY, mais de morphologie externe féminine). Cette théorie [9] n'a pas été confirmée lorsque des études sérieuses ont été faites sur les résultats de ces interventions. Bien qu'élevés en filles, ils avaient développé une identité sexuelle d'homme. Les gènes à eux seuls et l'éducation ne suffisent donc pas à expliquer la détermination de l'identité sexuelle.
Les travaux récents portent sur les modalités du **développement neurobiologique** durant la grossesse. Ils montrent que le cerveau commence à se différencier encore plus tôt, peut-être même avant que les hormones ne commencent à entrer en jeu ; ils montrent également l'intervention de certaines structures cérébrales (en particulier l'hypothalamus situé à la base du cerveau) qui sont déterminantes quant à l'identité sexuelle d'une personne, et ceci indépendamment de ses gènes ou de ses organes génitaux. On a pu dire que « le cerveau était l'organe le plus sexué ».

Tous ces éléments nous permettent de dire qu'*il est impossible d'adhérer aux théories qui avancent qu'il serait préférable de caractériser un individu par son orientation sexuelle*

8. Dans ce cas, l'enfant (un sur 13 000) a des gènes de type masculin XY, mais l'insensibilité des tissus du fœtus aux hormones androgènes empêche la masculinisation du fœtus dont les organes sexuels externes seront ceux d'une femme (ils sont donc considérés et élevés comme des filles), mais cet enfant n'a pas d'organes sexuels internes. Cette insensibilité aux androgènes peut être partielle et la morphologie des organes sexuels externes sera variable entre des organes mâles et des organes femelles.

9. John William Money (1921-2006), psychologue et sexologue de l'université Johns-Hopkins (Baltimore), spécialisé dans la recherche sur l'identité sexuelle et la biologie des sexes.

(qui peut changer au cours de l'existence) plutôt que par son identité sexuelle. Ce qui, au demeurant, serait terriblement réducteur en termes d'identité. L'identité sexuelle paraît donc la résultante de **l'interaction complexe** entre la différenciation initiale et celle qui se produit ensuite sous le jeu des hormones, des facteurs génétiques et neurobiologiques et, plus tard, des facteurs psychologiques et environnementaux.

3. L'identité psychologique

L'identité psychologique est subjective, vécue, et renvoie à l'histoire et à la personnalité de chacun. Chaque être humain est unique, singulier.

Cette identité s'est formée progressivement au fil des années, d'abord par notre inscription dans notre famille, notre patrimoine généalogique et culturel, puis au cours des âges de la vie avec l'importance toute particulière des premières années, l'enfance et l'adolescence. Nous ne nous faisons pas tout seul. Nous avons reçu la vie et nous sommes en interaction permanente avec le monde.

Ce monde est initialement réduit au bain amniotique dans l'utérus maternel, mais déjà relationnel. En effet, et il est remarquable de le souligner, les capacités sensorielles de l'embryon sont, pour la plupart, présentes dès la vingt-cinquième semaine, ce qui sous-entend la réalité et la complexité des échanges dès la vie intra-utérine. La naissance est certes une rupture, mais c'est aussi un moment d'une exceptionnelle intensité relationnelle. Chacun connaît, particulièrement la maman, la richesse de ces instants. Il a été démontré qu'un bébé de moins de vingt-quatre heures est déjà sensible aux indices sociocommunicatifs, que sont le langage et le regard, pour reconnaître les personnes qui s'adressent à lui [10].

---

10. Travaux du laboratoire de psychologie de la perception, université Paris Descartes, CNRS, ENS, mai 2011.

C'est dans la famille nucléaire que se transmet le langage qui nous inscrit dans notre humanité, nous déterminant comme étant humains. L'enfant est dépendant du monde qui l'environne et des premiers autres qui l'entourent, particulièrement de sa mère. Dépendance au niveau des besoins fondamentaux, dépendance affective, mais aussi au niveau du langage, de la parole adressée à l'enfant, sans laquelle il meurt.

Les premiers mois seront ceux de la relation privilégiée avec la mère et l'introduction d'un rythme présence-absence. Mais ce monde n'est pas clos et cette relation à deux est appelée à s'ouvrir grâce à la présence du père, présence réelle et symbolique par son existence dans la parole de la mère. Le père existe par la mère, reconnu comme tel. Il introduit l'altérité ; la triangulation de la relation permet que l'enfant ne soit pas uniquement l'enfant de sa mère. Ainsi, les places différentes de la mère et du père, la fonction maternelle et la fonction paternelle, définies et spécifiques, se mettent en place progressivement, roc sur lequel l'enfant s'appuiera pour assurer son développement identitaire : homme ou femme.

Le concept d'autorité parentale a été introduit en 1970 en lieu et place de celui d'autorité paternelle, correspondant à un souhait d'égalité entre les deux parents pour avoir la même capacité décisionnelle. Mais cela ne signifie pas qu'en une seule fonction parentale se dissolvent les fonctions paternelle et maternelle que l'on voudrait symétriques et interchangeables.

4. L'identité sociale

À côté des éléments administratifs déjà vus, l'identité sociale comporte d'autres éléments tels que l'appartenance à un groupe et surtout la profession exercée et ce qui a un rapport avec celle-ci. Elle peut même influencer très directement la façon dont nous serons reconnus et nommés : le médecin (ou toute personne qui a un doctorat) sera appelé « docteur », l'avocat sera appelé « maître », un président de société sera « monsieur ou madame le (la) présidente(e) », un évêque sera désigné de diverses façons dont celle de « monseigneur ». Certains, disparaissant derrière un titre, affectionnent particulièrement cette désignation sociale.

Cette identité est parfois problématique. Une **identification à cette représentation sociale** est possible et lorsqu'elle disparaît, elle peut laisser la personne orpheline et désemparée face à un très difficile travail de deuil. En témoignent les personnalités politiques en vue qui ne sont pas réélues ou les anciens sportifs de haut niveau dont on connaît les difficultés au sortir de leur gloire. L'autre problème est le vertige ou les dérapages que peuvent engendrer certaines situations. Chacun d'entre nous peut être concerné, particulièrement ceux et celles qui ont une position d'autorité ou de pouvoir, quel qu'il soit. « Le poisson pourrit toujours par la tête », dicton présenté tantôt comme un adage populaire, tantôt comme un proverbe africain ou encore une citation de Mao-Tsé-toung [11] !

11. Dans les classifications internationales des maladies, le terme d'identité apparaît dans le DSM IV (classification américaine : *Manuel de diagnostic et de statistiques des maladies psychiatriques*, IVe version) dans l'article 313-82 à la rubrique « Problèmes d'identité » qui dit : « Cette catégorie peut être utilisée quand l'attention clinique est centrée sur une incertitude concernant de multiples problèmes en rapport avec l'identité, tels que les buts à long terme, le choix d'une carrière, les modèles d'amitié, le comportement et l'orientation sexuels, les valeurs morales et les appartenances (loyauté) vis-à-vis de certains groupes. » Le terme d'identité n'apparaît pas dans la CIM 10 (*Classification internationale des maladies* dans sa 10e version).

Les huit éléments (déterminants) du sexe et du genre selon John Money [12]

Cet auteur a proposé huit éléments déterminants du sexe et du genre.

1) Les chromosomes (sexe chromosomique). La différence de répartition des chromosomes entre les femmes (XX) et les hommes (XY).

2) Les gonades fœtales. À partir de la septième semaine embryonnaire, se développent les gonades fœtales. Sur le chromosome Y se situe un complexe appelé TDF (*testis-determining factor* ou facteur de détermination du testicule) et de ce complexe fait partie un gène SRY (*sex-determining région of the Y chromosome*) Ce complexe déclenche le développement testiculaire qui entraîne la masculinisation de l'être humain. Si le TDF n'enclenche pas le développement testiculaire, les gènes commandant le développement ovarien sont activés à partir de la neuvième semaine.

3) Les hormones fœtales. Les gonades fœtales commencent à produire des hormones : les testicules produisent la testostérone et les ovaires les œstrogènes. Les testicules produisent en outre un facteur (*mullerian inhibiting substance* ou MIS) qui induit chez le garçon la régression de l'ébauche génitale femelle primitive. Chez la fille, l'absence de testostérone et de MIS (et non pas la présence d'une hormone spécifique) entraîne la régression des structures masculines primitives.

4) Les organes génitaux du fœtus. Quatre mois après la conception, le développement des organes génitaux est accompli.

5) Le développement cérébral chez le fœtus. À partir du deuxième trimestre, le cerveau fœtal se différencie en fonction du sexe. Selon les données animales, l'hypothalamus commence à s'organiser différemment chez les mâles et les femelles. Il contrôle le fonctionnement hypophysaire et la production des hormones, sexuelles en particulier.

12. D'après M.-L. Bourgeois : *La Différenciation des sexes et des genres. 1. Aspects biologiques*, Annales médico-psychologiques, volume 166, p. 755-769 (novembre 2008).

L'action des gènes sur les cellules cérébrales elles-mêmes peut être directe.

6) L'attribution du genre. Lors de la déclaration à l'état civil, un sexe est attribué à l'enfant : il recouvre habituellement le genre, masculin ou féminin.

7) L'identité de genre. Autour de deux ans, l'enfant commence à se reconnaître dans son identité de genre qui est fixée habituellement de façon solide autour de quatre ans. Les enfants connaissent la différence des sexes qu'ils ont souvent découverte dans des conduites exploratoires !

8) Les hormones pubertaires. À la puberté, les caractères sexuels secondaires se développent : la poitrine, les hanches plus larges et la peau plus douce chez la femme ; la pilosité, faciale en particulier, la mue de la voix qui devient grave et l'allongement du pénis chez l'homme. C'est aussi le moment d'une remise en question identitaire sur le plan psychologique.

Chapitre 2

La théorie du genre

« Ce qui fait l'homme depuis toujours est une parole dans un corps sexué et dans une généalogie. » (Denis Vasse [1]*)*

« Dieu créa l'homme à son image, à l'image de Dieu il le créa, il les créa homme et femme. » (Genèse 1, 27-28)

« Dieu vit tout ce qu'il avait fait : cela était très bon. » (Genèse 1, 31a)

Une révolution culturelle majeure se met en place ces dernières années, sans grande publicité, voire dans l'ignorance et l'inconscience complète du grand public, tout au moins jusqu'à l'introduction dans les manuels scolaires. Et pourtant, la théorie du genre [2] tend à modifier en profondeur les structures de base de notre société. Elle se veut *à la fois une nouvelle anthropologie et un combat politique.*

Dans la langue française, le mot « genre » (qui est masculin) a plusieurs sens, principalement ce qui est commun à diverses espèces, ce qui renferme plusieurs espèces différentes.

---

1. Denis Vasse, prêtre et psychanalyste, *La Vie et les vivants*, Seuil, 2001, p. 209.

2. Il existe une vaste bibliographie sur le *Gender.* Parmi les livres les plus récents, on peut citer : *Gender, la controverse* publié par le Conseil pontifical pour la famille en août 2011 et *Gender, qui es-tu ?* publié aux éd. de l'Emmanuel en février 2012.

Pour le genre humain, il s'agit de tous les hommes (les êtres humains) pris ensemble, mais aussi dans leur différence. Le genre masculin et le genre féminin désignent un homme ou une femme, un mâle ou une femelle. C'est sur l'identité sexuelle que porte la théorie du genre.

Utilisé dans ce sens, le mot genre est la traduction du mot anglais *gender*, terme qui est apparu pour la première fois en 1972 (dans un ouvrage d'Ann Oaklay [3]) et ce mot « genre », dans le langage des féministes (Judith Butler), désigne le **« rôle socialement construit »**.

Le postulat de la théorie du genre est que **la différence entre l'homme et la femme ne relève pas de la nature, mais de la culture,** et donc que les uns et les autres peuvent devenir interchangeables. *Ce qui est en jeu est l'identité sexuelle : un être humain ne doit plus se définir comme homme ou comme femme, « notion culturelle et facteur d'oppression », mais par son « genre » et « l'identité de genre désigne l'expérience intime et personnelle de son genre telle que vécue par chacun [4] ».*

> « L'individu postmoderne ne se reconnaît plus dans la société hétérosexiste… La différence des sexes est une dictature puisqu'elle est imposée par la nature. Pour être libre, l'individu doit pouvoir se choisir. Son droit le plus fondamental est "le droit d'être moi", de se choisir en permanence alors que la nature impose d'être un homme ou une femme. L'individu serait mieux caractérisé par son orientation sexuelle que par son identité sexuelle, fondée sur un donné biologique, donc de nature. Se considérer comme homme ou femme, c'est refuser de se construire soi-même [5]. »

---

3. *Sex, Gender and Society*, London, Temple Smith (1972). *Reprinted with new Introduction*, London, Gower, 1985.

4. Rapport de la Commission des questions juridiques et des droits de l'homme : discrimination sur la base de l'orientation sexuelle et de l'identité de genre, 08/12/2009, Andréas Gross, rapporteur.

5. Elizabeth Montfort : commentant dans « Liberté Politique.com » du 28/05/2010 la première semaine d'études de la théorie

1. Origine et développement de la théorie du genre

Les premières questions concernant le « genre » se sont posées dans les années cinquante, à propos des personnes transsexuelles, c'est-à-dire les personnes qui ont la conviction intime que la nature s'est trompée et qu'elles appartiennent au sexe contraire de celui de la naissance. Le problème soulevé est celui de la différence entre le sexe biologique et l'identité psychique. Au début des années 1960, le milieu féministe américain reprit l'idée force de Simone de Beauvoir, dans son livre *Le deuxième sexe*: « On ne naît pas femme, on le devient. » D'où l'affirmation que la différence masculin-féminin ne coïncide pas avec la différence mâle-femelle.

Cependant, « l'approche genre » remonte essentiellement aux années 1970. Avec l'ouverture de la décennie des Nations Unies pour la femme en 1975, on fait le constat que les femmes sont « hors du processus de développement » et qu'il faut donc les y intégrer. L'approche « Intégration des femmes dans le développement » (IFD) apparaît alors, devenue l'approche Genre et Développement (GED) que l'on veut privilégier aujourd'hui dans les interventions de développement. En 1995, lors de la conférence des Nations Unies sur la femme à Pékin, le principe de la parité 50/50 hommes/femmes dans le monde du travail et de la vie avait été adopté, les femmes devant avoir 50 % des emplois et les hommes devant passer 50 % de leur temps dans les soins aux enfants. L'idée de départ était donc de réduire les inégalités homme/femme.

À partir des années 1980, la théorie s'est répandue progressivement, d'abord dans les milieux militants féministes

---

Queer en France en mai 2010 et mettant en avant ce que cette théorie a de subversif: le séminaire intitulé « Queerweek », consacré aux problématiques du genre, à Sciences Po-Paris. Elizabeth Montfort est une ancienne députée européenne, administratrice de l'association pour la Fondation de service politique, présidente de l'Alliance pour un nouveau féminisme européen.

et les lobbies homosexuels, puis *l'idée initiale est devenue politique et anthropologique.*

Le chemin s'est fait ensuite en gagnant les instances politiques nationales et internationales, de même que les organisations non gouvernementales (ONG). Sans publicité aucune, la théorie du genre sert aujourd'hui de norme et de référence aux institutions internationales pour modifier la législation dans de très nombreux pays et les traités européens ne font pas exception.

Le postulat de base était donc **l'inégalité homme/femme.** En effet, on constatait que la détermination par le sexe biologique introduisait des inégalités entre les êtres sociaux et les différences sexuelles propres ne constituaient pas et ne justifiaient pas les inégalités entre eux. Les différences se transforment alors en inégalités. Ciblée au départ sur les femmes (« les femmes ne seraient pas opprimées s'il n'existait pas un concept de femme »), cette approche s'est progressivement transformée et enrichie pour aboutir à une autre, centrée sur les relations hommes-femmes avec une visée sociétale : **l'objectif, militant et politique, est aujourd'hui de rejeter le déterminisme biologique de la notion de « sexe » ou de différence sexuelle, et de déconstruire la société actuelle basée sur « l'hétérocentrisme ».**

La diffusion de la théorie du genre est aujourd'hui mondiale. Le 2 juillet 2010, l'Assemblée générale de l'ONU a adopté à l'unanimité une résolution créant une nouvelle entité « ONU Femmes », dédiée à « la cause des femmes », chargée de « promouvoir les droits et l'égalité des femmes ». On ne peut que s'en féliciter au vu de ce que vivent les femmes dans de nombreux pays, ce que fit le secrétaire général de l'ONU, M. Ban Ki-moon, qui a affirmé que « cette instance renforcera de façon significative les efforts de l'ONU pour promouvoir l'égalité des sexes, donner aux femmes davantage de chances dans la vie et s'attaquer aux discriminations à travers le monde ». On remarquera cependant que cette nouvelle structure a été nommée « Entité pour l'égalité de genre et l'autonomisation des femmes ».

Cette théorie modifie radicalement les notions de famille, de couple, et le sens des relations entre l'homme et la femme.

> « La théorie du genre ne se résume pas à des idées agitées dans des cénacles intellectuels. Elle constitue le corpus idéologique utilisé par les lobbies gays pour défendre leurs idées soumises au législatif, concernant notamment le mariage dit "homosexuel" [6]. »

---

6. Conférence des Évêques de France, 11/01/2007. On peut aussi lire avec beaucoup d'intérêt divers documents dont la résolution du Parlement européen contre l'homophobie adoptée le 18/01/2006 que l'on peut résumer en disant que toute opposition contre une « homosexualisation » active de la société est criminalisée. On se souvient également de la proposition de la France d'une « Déclaration des droits humains, orientation sexuelle et identité de genre » présentée à l'assemblée générale de l'ONU le 18 décembre 2008, qui a suscité de nombreuses réactions. Ce texte va plus loin qu'une simple dépénalisation en dénonçant toute discrimination basée sur l'orientation sexuelle et en mettant tous types de discrimination à un niveau égal. Le texte a été rejeté par de nombreux États. On peut lire également le rapport de la Commission européenne : « Discrimination sur la base de l'orientation sexuelle et de l'identité de genre » du 08/12/2009 sur le site Internet : http://assembly.coe.int/Documents/WorkingDocs/Doc09/FDOC12087.htm

Les études sur le genre ont fait leur entrée à Sciences Po-Paris avec l'ouverture d'une chaire qui leur est dédiée. Les premiers cours de ce projet intitulé Presage (Programme de recherche et d'enseignement des savoirs sur le genre) ont débuté en mai 2010 et sont obligatoires depuis 2011. Aucun élève ne pourra ainsi sortir de l'Institut d'études politiques de Paris sans avoir entendu un enseignement sur le genre (journal *Libération* du 25/05/2010). « Il faut en finir avec l'inégalité entre les hommes et les femmes », commentent les initiateurs de ce projet. L'introduction du genre à Sciences Po se fait dans les suites de la première « Queer Week de France » du 3 au 6 mai 2010, semaine entière consacrée aux problématiques du genre.

Enfin, la théorie du *gender* fait partie de l'enseignement obligatoire des lycéens français depuis la rentrée 2011. Le ministère de l'Éducation nationale l'a officiellement inscrite dans les programmes

Lexique de la théorie du genre selon le rapport de la Commission des questions juridiques et des droits de l'homme : discrimination sur la base de l'orientation sexuelle et de l'identité de genre (Andréas Gross, rapporteur, 08/12/2009, p. 6, chapitre « Terminologie »)

– **L'orientation sexuelle** renvoie à la capacité de chacun de ressentir, à l'égard de personnes du sexe opposé, du même sexe ou de plus d'un sexe, une profonde attirance émotionnelle, affective et sexuelle et d'entretenir avec ces personnes des relations intimes et sexuelles. L'orientation sexuelle est une part profonde de l'identité de chaque être humain ; elle englobe l'hétérosexualité, la bisexualité et l'homosexualité. Cette dernière est désormais dépénalisée dans tous les États membres du Conseil de l'Europe.

– **L'identité de genre** désigne l'expérience intime et personnelle de son genre telle qu'elle est profondément vécue par chacun, qu'elle corresponde ou non au genre assigné à la naissance, y compris la conscience personnelle du corps (qui peut également impliquer, si elle est consentie librement, une modification de l'apparence ou des fonctions corporelles par des moyens médicaux, chirurgicaux ou autres) et d'autres expressions du genre, comme la façon de s'habiller, de parler et de se comporter.

– **Le terme « personne transgenre »** (ou, simplement, « personne trans ») concerne toute personne dont l'identité de genre ne correspond pas au genre assigné à la naissance et/ou qui veut établir une distinction entre son identité de genre et le genre qui lui a été échu à la naissance ; ce terme désigne aussi les personnes qui sentent qu'elles doivent ou préfèrent – que ce soit à travers des codes vestimentaires,

des cours de Sciences de la Vie et de la Terre de toutes les classes de Première, dans le module « Féminin/masculin », et plus particulièrement dans les nouveaux chapitres « Devenir homme ou femme » et « Vivre sa sexualité », juste après la partie consacrée à « La maîtrise de la procréation ». On peut s'étonner qu'une **théorie**, qui n'est qu'une théorie, soit intégrée aux **sciences** de la vie et comme l'a rappelé le psychanalyste Jacques Arènes : « Il ne faut pas faire passer pour vérité scientifique ce qui relève avant tout d'un débat anthropologique ».

des accessoires, des cosmétiques ou des modifications corporelles – se présenter à l'opposé des attentes du rôle associé au sexe qui leur a été attribué à la naissance.

– **Transsexuel** : personne qui préfère un autre sexe que celui de sa naissance et qui éprouve le besoin d'apporter des modifications physiques à son corps pour exprimer ce sentiment (par exemple, traitement hormonal et/ou chirurgie).

– **L'expression « personnes LGBT »** s'emploie pour décrire les personnes qui se définissent comme lesbiennes, gays, bisexuelles ou transgenres ; elle ne suggère pas qu'il y ait une seule et même identité « LGBT ».

– **Homophobie** : sentiment irrationnel de peur et d'aversion à l'égard de l'homosexualité et des personnes lesbiennes, gays et bisexuelles, fondé sur des préjugés et comparable au racisme, à la xénophobie, à l'antisémitisme et au sexisme.

– **Transphobie** : peur irrationnelle de la non-conformité ou de la transgression du genre.

2. Le concept de base de la théorie du genre

Le *gender* est la primauté du culturel sur le naturel. Il pose, en effet, comme principe l'idée que la différence entre l'homme et la femme ne relève pas de la nature (l'identité sexuelle, faisant référence au sexe biologique), mais de la culture, l'identité de genre, qui désigne le versant social de la différence sexuelle.

Ce concept, qui est un concept social, propose donc de faire la distinction entre la dimension biologique (sexe) et la dimension culturelle (genre). Ce n'est plus sur la biologie et la génétique, l'histoire de la personne et de son environnement, mais sur la culture et le désir personnel que doivent s'appuyer la construction et l'organisation sociale de la différence sexuelle.

Ce concept énonce que la détermination par le sexe biologique conduisit la société à définir des rôles « féminins » et « masculins », par exemple : aux femmes, le ménage et les enfants ; aux hommes, la politique, la direction d'entreprise, mais aussi la guerre. Ces rôles ne sont pas déterminés à la naissance (caractères innés déterminés par la biologie) ni voués à ne jamais changer, mais sont attribués aux hommes et aux femmes par la société. Ces rôles sont acquis, construits socialement, appris au sein de la famille, à l'école et dans la société. Ils ne sont donc pas invariables et peuvent évoluer différemment selon les situations sociales, économiques et culturelles dans lesquelles se trouvent les individus. Pour la théorie du genre, *la personne est enfermée dans un présupposé culturel qui doit être combattu.*

Dit autrement, le *gender* avance l'idée que seule la culture intervient en créant les identités pour chaque sexe et en élaborant les systèmes de genre dans une longue construction collective : interviennent des facteurs culturels, politiques, environnementaux, économiques, sociaux et religieux, et aussi les coutumes, les lois de la classe sociale, l'ethnicité et les préjugés individuels et institutionnels. Les attitudes et les comportements des genres sont appris et peuvent être modifiés, contrairement aux caractéristiques qui sont liées au sexe, définies à la naissance et qui ne peuvent pas changer.

> « On appartient à un sexe biologique bien avant sa naissance. Mais dès que nous tombons sous le regard de l'autre, l'idée qu'il se fait de notre sexe constitue un monde sensoriel de gestes, de regards, de paroles et de consignes comportementales, vestimentaires et rituelles, qui nous structurent culturellement [7]. »

La théorie du genre énonce que **l'identité sexuelle est une création sociale** et que son but est **d'abolir l'identité basée sur les données naturelles.** Le sexe social peut donc différer du sexe biologique. Chacun doit en conséquence

---

7. Boris Cyrulnik, *Les Nourritures affectives*, Odile Jacob poche, 2000, p. 80.

pouvoir **choisir son propre sexe**, à partir de ses orientations personnelles, l'orientation sexuelle étant du domaine de la liberté de chacun.

Il n'y aurait plus deux genres, masculin et féminin, **mais au moins cinq ou six** : homme et femme et chacun dans sa version hétérosexuelle et homosexuelle, et bisexuel/transsexuel [8]. Le transsexualisme peut être considéré comme une dislocation au niveau du genre et doit être appréhendé comme un problème d'identité. Sur ce plan, chacun est libre de choisir son appartenance sexuelle, à charge pour la médecine et le droit de mettre en concordance l'apparence et le sentiment personnel d'identité !

> « L'identité de genre désigne l'expérience intime et personnelle de son genre telle que profondément vécue par chacun, qu'elle corresponde ou non au genre assigné à la naissance, y compris la conscience personnelle du corps (qui peut également impliquer, si consentie librement, une modification de l'apparence ou des fonctions corporelles par des moyens médicaux, chirurgicaux

---

8. Le transsexualisme fait toujours partie à ce jour, en 2012, de la liste des troubles mentaux et du comportement dans la *Classification internationale des maladies*, 10e version (CIM 10). Le trouble est classé dans les troubles de l'identité sexuelle : F64.0. Il s'agit du désir de vivre et d'être accepté en tant que personne appartenant au sexe opposé, avec la demande de transformer son corps pour qu'il corresponde au sexe désiré, grâce à la chirurgie et à un traitement hormonal. Il est également décrit comme un trouble de l'identité sexuelle de l'enfance (F64.2), avant la puberté, marqué par la souffrance intense et persistante de l'enfant d'être d'un sexe qu'il ne reconnaît pas comme le sien et « que la nature s'est trompée ».
En France, le décret n° 2010-125 du 8 février 2010 a retiré « les troubles précoces de l'identité de genre » de la nomenclature des affections de longue durée (ALD). Pour la ministre de la Santé, le transsexualisme ne relève plus, comme auparavant, des « troubles névrotiques sévères et des troubles graves de la personnalité et du comportement ». Les transsexuels seront cependant toujours pris en charge par la Sécurité sociale. Le transsexualisme est maintenant considéré comme une affection de longue durée « hors liste » ou une « maladie orpheline ». La France est le premier pays à avoir pris cette décision.

ou autres) et d'autres expressions du genre comme la façon de s'habiller, de parler et de se comporter [9]. »

On choisirait précisément le genre de son choix. C'est le désir personnel, et lui seul, qui détermine l'orientation sexuelle. **Il suffit désormais de « vouloir être » pour être ce que l'on veut :** « Aime et sois ce que tu veux » pourrait être l'adage de la théorie du genre. En conséquence, chacun pourra vivre, s'unir, se marier avec une autre personne quelle qu'elle soit, homme ou femme, et changer éventuellement au cours de l'existence.

Ainsi, selon cette théorie :

– Si un sujet est biologiquement mâle ou femelle, ce qui importe, ce qui « fait sens » est son inscription dans un genre masculin, féminin, homosexuel, transsexuel ou un autre genre *qu'il se donne, en dehors même de la réalité des corps.* Pour Judith Butler, « homme et masculin pourraient désigner aussi bien un corps féminin qu'un corps masculin ; femme et féminin autant un corps masculin qu'un corps féminin [10] ». Tous les choix de comportement se valent, tous les modèles de couple ou de famille peuvent exister et il y a lieu de les reconnaître et de les légitimer puisqu'ils existent. Cependant, si on suit cette théorie, *c'est demander à la loi de répondre aux revendications subjectives des personnes et non au bien commun.*

– L'identité sexuelle dépend du désir de chacun et non plus de son corps sexué. *La personne se construit seule, sans autre référence qu'elle-même.* On peut d'ailleurs s'arrêter un

---

9. Rapport de la Commission européenne des questions juridiques et des droits de l'homme : « Discrimination sur la base de l'orientation sexuelle et de l'identité de genre ». Déjà cité.

10. Judith Butler, *Gender trouble : Féminism and the Subversion of the identity*, Routledge, New York, 1990, p. 6. Traduction française parue en 2005 aux éd. La Découverte/Poche. Cette citation est reprise du livre *L'amour et la sexualité dans la Bible, aux origines de l'identité sexuelle*, Pierre Debergé, Nouvelle Cité, 2011, p. 15.

instant sur l'expression du « genre assigné à la naissance ». Qui est l'auteur de cette assignation, sinon la personne elle-même au cours de son développement embryonnaire ?

– Les femmes doivent se libérer des hommes pour réduire les inégalités liées entre autres à la grossesse (contraception, avortement, activité professionnelle) et permettre aux femmes et aux hommes de jouir des mêmes opportunités, droits et obligations dans toutes les sphères de leur vie quotidienne, d'avoir un accès égal à l'éducation, d'acquérir une indépendance financière, de partager les responsabilités familiales et d'être libres de toute forme de coercition, intimidation et violence.

Les documents officiels sont on ne peut plus clairs. Ainsi, le rapport de la Commission européenne, déjà cité, débute par cette phrase : « L'orientation sexuelle – hétérosexualité, bisexualité ou homosexualité – est une part profonde de l'identité de chacun de nous. » Ceci témoigne au demeurant d'une **confusion entre identité et orientation sexuelle :** l'identité ne se réduit pas à l'orientation sexuelle.

La différence sexuelle est devenue **la nouvelle caractéristique de la lutte des classes sexuelles** dont il faut se libérer. Il faut même délivrer la société de ses normes hétérosexuelles, de « l'hétérocentrisme », afin de faire droit aux revendications des personnes homosexuelles, bisexuelles ou transsexuelles [11].

Les promoteurs du concept de genre indiquent bien que leur but est d'intégrer cette approche dans les projets de développement : « Une méthode d'intervention pour promouvoir un développement équitable. Elle consiste à favoriser une prise de conscience et à introduire des stratégies et des outils pour l'égalité entre les hommes et les femmes à travers l'intégration transversale du genre à plusieurs niveaux : dans les modes

11. Le sigle LGBT désigne les personnes lesbiennes, gays, bisexuelles et transgenres.

de fonctionnement des institutions, dans les compétences des personnels et à toutes les étapes de la gestion du cycle des projets ou des programmes [12]. » Mais le but recherché va bien au-delà de la dimension économique. En touchant à l'identité biologique de l'homme et de la femme, la théorie du genre **conduit à une « déconstruction » de la société.** Il s'agit d'un mouvement subversif dont *l'objectif est de reformuler les rapports homme/femme dans la société, non plus en fonction de leur identité masculine ou féminine, mais en fonction de leur volonté et de leur désir souverains*.

« Dans un premier temps, on distinguait le sexe du *genre* ; actuellement, on franchit une limite supplémentaire en abandonnant le sexe pour le *genre*. Il faut donc déconstruire tout ce qui peut rappeler les normes d'une société fondée sur la différence sexuelle, ne plus parler de père, de mère, de mariage et de la filiation enracinée sur des rapports biologiques. **La famille sociale serait privilégiée au détriment de la famille biologique.** Ainsi, pour favoriser le mariage entre personnes de même sexe, le Québec [13] a rayé dans son code civil les notions de "père" et de "mère" au bénéfice de la notion étrange et confuse "d'apport de forces génétiques".

---

12. Site Tanmia.

13. Loi du Québec adoptée en juin 2002, instituant l'union civile et établissant de nouvelles règles de filiation. Parmi les articles de la loi, le n° 539.1 mérite l'attention : « Lorsque les parents sont tous deux du sexe féminin, les droits et obligations que la loi attribue au père, là où ils se distinguent de ceux de la mère, sont attribués à celle des deux mères qui n'a pas donné naissance à l'enfant. » Marie Balmary analysant le texte de la loi note que le mot « homme » ne figure pas, il est remplacé par le terme « la personne », le mot père est remplacé par le terme « force génétique » et cela même lors d'une procréation par relation sexuelle entre homme et femme et qu'enfin, le mot mère se voit attribuer deux sens contraires dans l'article cité ci-dessus où il est question de deux mères dont l'une est « celle des deux mères qui n'a pas donné naissance à l'enfant », ce qui détruit la signification même du mot mère qui, dans toutes les langues de la terre, veut dire : « Femme qui a donné naissance à un ou plusieurs enfants ».

L'Espagne est dans la même dérive en parlant "de progéniteur 1" et "de progéniteur 2 [14]". » La France n'est pas en reste : un élève est devenu un « apprenant » et ses parents des « géniteurs d'apprenants », termes apparus depuis 2007. Aux États-Unis, depuis février 2011, les nouveaux formulaires du Département d'État américain pour les demandes de passeport ne doivent plus mentionner « Mère » et « Père », mais « Parent 1 » et « Parent 2 ».

Ceux qu'il faut abattre sont **les gardiens des normes hétérosexuelles.** Les cibles privilégiées sont donc de deux ordres : **le monde « psy »** présenté comme le défenseur de l'ordre social et culturel (la majorité des psychiatres, psychologues et psychanalystes) et, bien évidemment, les religions traditionnelles avec, en premier lieu, **l'Église catholique**.

Pour résumer en quelques mots la théorie du genre :

– Il faut en finir avec une culture basée sur l'hétérosexualité, « l'hétérocentrisme ». L'organisation sociale ne doit plus se reposer exclusivement sur ce modèle, mais être repensée sur d'autres modèles : homosexuels, bisexuels et transsexuels. C'est une déconstruction de la société, une déstructuration des modèles familiaux existants ;

– Chacun décidera de l'orientation sexuelle qu'il (ou elle) aura désirée. Cette orientation est une part de notre identité, elle peut varier au cours de l'existence ;

– Toutes les orientations sexuelles sont possibles et toutes se valent, au nom de la non-discrimination et du principe de l'égalité.

3. Ce qu'il y a derrière le concept de genre

La théorie du genre a déjà eu des conséquences de droit très importantes, ayant fait évoluer les lois et la jurisprudence dans le monde. Il est évident qu'il faut combattre les inégalités, l'absence de droits et la dévalorisation de la femme dans de

14. Mgr Tony Anatrella, Zenit, 14/10/2009.

nombreux pays [15]. Une lutte doit être menée. Cependant, en toile de fond, existent, nous l'avons dit, un but politique et l'introduction d'une nouvelle anthropologie, à savoir :

– **La reconnaissance de toutes les formes d'orientation sexuelle.** Il existe une volonté de forcer l'opinion et les consciences en imposant l'idée selon laquelle toutes les relations (hétérosexuelles, homosexuelles, bisexuelles ou transsexuelles) seraient naturellement et moralement équivalentes. Par suite, aucune distinction morale, politique ou juridique ne serait plus permise, notamment quant au mariage, à l'adoption ou à l'insémination artificielle.

– **La possibilité et la généralisation du mariage entre personnes du même sexe,** la garantie de la reconnaissance juridique des couples de même sexe [16] et la protection de ces familles, afin de remédier au déni des droits des « familles LGBT », qui sont des familles en fait et non en droit dans de nombreux États membres, notamment par la reconnaissance juridique, les mêmes droits et obligations que ceux établis pour les couples hétérosexuels [17].

– **L'homoparentalité.** Un nouveau vocabulaire est apparu dans les années quatre-vingts. On parle de *parentalité* et non plus de parenté, qui évoque trop le couple hétérosexuel. On évite également d'évoquer la paternité, car seuls les hommes peuvent être pères. Le mot « homoparentalité » est récent,

15. Un rapport des Nations unies (octobre 2010) souligne la persistance des inégalités entre les deux sexes dans le monde. Les femmes sont rares dans les organes de décision, même si le nombre de ministres féminins augmente, les écarts de salaires persistent. En revanche, la scolarisation augmente. Si les femmes ne font que rarement la guerre, elles sont les premières à en subir les pires conséquences : la violence basée sur les sexes, y compris le viol, constitue une stratégie utilisée de manière de plus en plus systématique.

16. Reconnaissance demandée et préconisée dans des textes officiels de l'Assemblée européenne en 2000.

17. Voir dans le chapitre « Homosexualités » les législations des différents pays concernant le mariage homosexuel.

introduit par des membres de l'association de parents gays. Il a été rapidement repris par les médias au point d'apparaître aujourd'hui dans les dictionnaires : « Homoparentalité : projet éducatif conduit par deux pères ou deux mères [18]. »

Il faut être clair :

> « Le roc de la réalité est que le mot "parents" signifie "père" et "mère". Pour nier cela, il a fallu recourir au néologisme de "parentalité". La parenté trouve son ancrage dans le corps : elle est nécessairement sexuée, duelle. La "parentalité", elle, pourrait être pensée comme neutre… La famille n'est pas seulement une nébuleuse de relations affectives, elle est une structure. Et les deux différences primordiales autour desquelles s'articulent toutes les structures élémentaires de la parenté sont les différences des sexes et la différence des générations [19]. »

Il faut signaler que la jurisprudence évolue lentement, mais certainement vers l'homoparentalité. Ainsi, un arrêté de la Cour de cassation du 24/02/2006 a admis la délégation de l'exercice de l'autorité parentale au partenaire du même sexe, la cour invoquant la stabilité de la relation entre les deux femmes ainsi que l'autorité sur l'enfant.

– **L'adoption par tous les couples quels qu'ils soient.** Il est préconisé que dans la législation relative à l'adoption d'enfants non apparentés, y compris par des personnes en couple ou seules, sans distinction fondée sur l'orientation sexuelle, soit appliquée et par ailleurs reconnue la responsabilité parentale commune des enfants de chacun des deux partenaires (coparentalité), voire le droit de chaque partenaire d'adopter les enfants de l'autre [20].

---

18. Sur ce sujet, on peut lire le livre récent de J.-P. Winter, *Homoparenté*, Albin Michel, avril 2010 ou du même auteur l'article : « Homoparentalité et refus du réel », *Études*, mai 2010, p. 607-615.

19. Xavier Lacroix, *La confusion des genres*, Bayard, *Études*, 2005, p. 83.

20. On sait qu'en France, l'adoption peut être sans restriction prononcée en faveur d'une personne seule âgée de plus de 28 ans (Art. 343-1 du code civil).

À la critique disant que les homosexuels ne sont pas aptes à élever des enfants, les lobbies mettent en avant la position de la Cour européenne des droits de l'homme qui a jugé que les gays et les lesbiennes doivent être traités de la même manière que les hétérosexuels en ce qui concerne la garde d'enfants et les conditions à remplir pour l'adoption [21]. Des études américaines, concluant qu'il n'y a pas de différence pour les enfants élevés tant en milieu hétérosexuel qu'homosexuel, sont toujours mises en avant. Xavier Lacroix a repris l'analyse de ces études [22] et en précise bien le caractère incomplet, sur des échantillons très insuffisants et dont les conclusions sont significativement les mêmes : *no difference*. De toute façon, il est bien trop

21. Rapport de la Commission des questions juridiques et des droits de l'homme : « Discrimination sur la base de l'orientation sexuelle et de l'identité de genre », Andréas Gross, rapporteur, p. 14.

22. Xavier Lacroix, *La confusion des genres*, Bayard, *Études*, 2005, p. 22 et s.
« Il n'est pas de débat à ce propos où l'on n'entende avancer péremptoirement que "des études scientifiques américaines montrent qu'il n'y a pas de différence, quant au bien-être ou à la santé mentale des enfants, entre ceux élevés par des adultes homosexuels et ceux élevés par des hétérosexuels". Cependant :
– échantillonnage très réduit de ces enquêtes, 11 à 38 articles recensés chez Charlotte Patterson ;
– âge des sujets interrogés : non pas des adolescents (sauf 2 cas), mais des enfants prépubères. On peut penser que les difficultés surgissent surtout à l'adolescence ;
– dans certaines enquêtes, ce sont les parents qui sont interrogés et non pas les enfants, parents qui sont tous militants gays et lesbiennes ;
– le choix des situations concernées : comparaison entre une mère lesbienne et une mère hétérosexuelle seule ou divorcée et non pas avec deux parents hétérosexuels ;
– questionnaires uniquement « fonctionnels », « comportementalistes » : on en reste à des gestes simples ou des fonctions adaptatives, d'adaptation sociale, se débrouiller…
– caractère unilatéral des études et la même conclusion : *No difference*.

tôt pour nous faire une idée précise et pour savoir ce qui en résultera [23].

– **L'accès à tous les traitements de conversion sexuelle**, c'est-à-dire lever les obstacles rencontrés pour obtenir un traitement de conversion sexuelle et une reconnaissance juridique du nouveau sexe. Les tenants de la théorie appuient leur argumentation sur le fait que les taux de suicide sont relativement élevés parmi les personnes transgenres, en raison de la non-reconnaissance et de l'intolérance de la société. Le raisonnement paraît un peu court et devrait quand même poser le problème de la souffrance personnelle induite par le trouble identitaire, lequel ne se résout pas seulement par la chirurgie et le traitement hormonal.

– **L'insémination artificielle et la procréation médicalement assistée.** Faut-il généraliser l'autorisation du recours aux techniques d'assistance médicale à la procréation aux couples homosexuels ? Est-on encore vraiment dans la dimension de l'intérêt supérieur de l'enfant qui doit avant tout primer ? L'enfant est un sujet et non pas un objet d'adoption pour répondre aux désirs d'enfant de couples homosexuels.

4. La critique de ce concept

a. Les données de l'anatomie, de la biologie et de la génétique

Il existe une irréductible différence anatomique des sexes. La nature différencie homme et femme par les caractères sexuels, primaires et secondaires, qui apparaissent à la puberté. Les corps de l'homme et de la femme sont faits, dans leur complémentarité, pour l'union et la relation. Ils sont faits l'un pour l'autre.

---

23. Il est de règle, pour ce qui est de la transmission, d'attendre la troisième génération.

Seule la différence des sexes permet la procréation. Jusqu'à ce jour, seules les femmes peuvent mettre au monde un enfant [24]. La gestation est le propre de la femme. Encore que pour les féministes, le propre de l'humanité est de dépasser la nature et donc de libérer la femme des tâches de la maternité et surtout de la domesticité. D'où le rêve de l'utérus artificiel.

Si le père ou la mère peuvent donner le biberon (ce qui n'est pas déterminé biologiquement !!), ce n'est pas le cas de l'allaitement maternel au sein, réservé jusqu'à ce jour aux mamans et non aux papas. Encore qu'aujourd'hui, il suffit d'administrer un traitement hormonal adéquat à une femme qui n'a pas été enceinte pour qu'elle puisse allaiter !

---

24. On peut ici retracer l'histoire de Thomas Beatie qui a été le second « homme enceint » à avoir accouché. En fait, né(e) Tracy Le Gondino, son physique était fort bien fait puisqu'elle participait à des concours de beauté et qu'elle avait été finaliste d'un concours de Miss Hawaï dans son adolescence avant de changer de sexe à 24 ans avec l'ablation des glandes mammaires (aux États-Unis, il est nécessaire de subir une intervention chirurgicale pour accéder à la possibilité juridique de changer de sexe) et un traitement d'hormone virilisante, la testostérone. Elle avait cependant gardé ses organes sexuels féminins de reproduction. « Il » vit alors en couple, mais sa compagne, Nancy, de 11 ans son aînée, devenue son épouse, mère de deux filles issues d'une première union, ne peut plus avoir d'enfant du fait d'une hystérectomie. Ce qui conduit Thomas à l'arrêt du traitement hormonal, puis à une insémination artificielle avec don anonyme de sperme. Il y eut d'abord un échec avec des triplés perdus avant la naissance et enfin la venue d'une petite fille le 29 juin 2008. Enfin, le 10 juin 2009, Thomas Beatie annonça avoir accouché à nouveau, cette fois d'un petit garçon. À noter que ce fut l'épouse, qui n'avait pas été enceinte, qui allaita les enfants grâce à l'administration d'un traitement hormonal. En fait, cette personne a été diagnostiquée *syndrome de Klinefelter* et selon la définition, ne relève pas d'un transsexualisme vrai qui élimine les anomalies génétiques.
Un autre Américain, Matte Rice, avait eu un fils en 1999. Cependant, Thomas Beatie est le premier cas recensé de grossesse chez un individu légalement masculin.

La carte génétique d'un individu est spécifique et signe l'appartenance au sexe mâle ou femelle (XX chez la femme et XY chez l'homme).

La théorie du genre substitue le genre au sexe et introduit une **négation de la vocation respective de l'homme et de la femme, de leur complémentarité**, par le refus du corps sexué, en soutenant que chacun construit son identité à partir de ses choix et de ses exigences subjectives et en affirmant que le masculin et le féminin ne sont que des constructions culturelles. C'est une **vision toute subjective de l'identité sexuelle** qui perd ainsi son caractère objectif, alors que la différence sexuelle est en deçà de l'orientation sexuelle, antérieure à elle.

> « Dans cette perspective, la norme n'est plus à chercher dans la vérité des choses et leur caractère universel, mais dans la singularité des situations individuelles et marginales, et dans le ressenti. La subjectivité devient source de droit… La théorie du genre privilégie les orientations sexuelles pour en faire diverses identités qui auraient toutes la même qualité et la même valeur. Autrement dit, nous sommes dans le déni de l'être de l'homme et de la femme au bénéfice d'une sorte d'asexualité qui débouche en même temps sur la légitimité de toutes les orientations sexuelles. Or, celles-ci représentent toujours un en deçà de l'identité sexuelle et non pas une identité. Un homme s'humanise, se civilise et se socialise non pas en fonction d'orientations sexuelles, mais à partir de son identité sexuelle grâce à laquelle il intègre et coordonne ses pulsions partielles afin de développer une orientation en cohérence avec son identité. Les orientations sexuelles sont toujours du côté des pulsions partielles, alors que l'identité est du côté de l'être du sujet. Nous sommes paradoxalement dans le mythe du sujet qui construit son identité, ce qui n'est pas complètement vrai, et, en même temps, on lui laisse supposer qu'il n'est qu'une construction sociale. La loi civile établirait des identités sexuelles selon les revendications subjectives des personnes [25]. »

---

25. Mgr T. Anatrella, Zenit, 14/10/2009.

b. La confusion entre une orientation sexuelle (sexualité) et l'identité sexuelle (sexe)

L'identité sexuelle n'est pas réductible à une somme de traits psychologiques, masculins ou féminins, ou à des rôles sociaux ; elle prend racine essentiellement dans le corps :

> « C'est essentiellement dans le rapport à la génération que se définit l'identité sexuée. Être femme, c'est être née d'un corps de même sexe que le sien ; être homme, c'est naître d'un corps de sexe différent [26]. »

> « La différence des sexes et la différence des générations sont les deux rocs de la réalité [27]. »

Ne pas différencier identité et orientation sexuelle ne peut qu'avoir des effets délétères sur le lien social et les générations futures, perdues dans la confusion et le brouillage toujours plus grand des repères de base de l'humanisation des personnes.

c. L'égalité et la complémentarité homme-femme

L'homme et la femme sont **différents et complémentaires par leur différence même**. Cette différence et cette complémentarité sont inscrites dans le corps qui permet la rencontre.

La complémentarité de l'homme et de la femme est nécessaire à la construction de la personne. C'est l'homme et la femme, chacun dans sa sexualité propre, qui révèlent à l'autre ce qu'il est. Sans femmes, il n'y aurait pas de masculinité et sans hommes, il n'y aurait pas de féminité. On se rappelle l'exclamation

---

26. Xavier Lacroix, *La confusion des genres*, Bayard, *Études*, 2005, p. 33.

27. Jeanne Chasseguet-Smirgel, *Les deux arbres du jardin. Essais psychanalytiques sur le rôle du père et de la mère dans la psyché*, Des Femmes éditeur, Antoinette Fouque, 1988.

d'Adam lorsque Dieu lui amène Ève : *« Pour le coup c'est l'os de mes os et la chair de ma chair. Celle-ci sera appelée femme car elle fut tirée de l'homme celle-ci. »* (Gn 2, 23)

Homme et femme, appartenant au genre humain, ont tous deux, par leur essence même, **égale valeur, égale dignité et sont égaux en droit**. Cependant, dans la théorie du genre, au nom de l'égalité, ce sont les différences et la complémentarité de l'homme et de la femme qui disparaissent.

La théorie du genre présente les relations entre les hommes et les femmes **en termes de pouvoir, de rivalité et d'opposition** (l'homme étant celui qui écrase la femme), alors qu'elles doivent se concevoir **en termes de révélation mutuelle.** La relation entre l'homme et la femme est de l'ordre de l'offrande et du don mutuels. Lors du sacrement de mariage, les deux époux l'affirment avec force : « Je te reçois et je me donne à toi. » Jean-Paul II est revenu de nombreuses fois sur « la signification nuptiale du corps [28] », c'est-à-dire notre vocation à un amour qui est un don total de soi, qui est inscrit dans notre propre corps d'homme ou de femme.

Nous glissons vers quelque chose de belliqueux, une guerre des sexes et de prise de pouvoir au nom de quelques intérêts singuliers, ce qui va à l'encontre de la relation **de coopération, de solidarité et de lien social**, entre l'homme et la femme, par leurs vocations respectives. Cette complémentarité homme-femme est à la base de la construction sociale. Elle en est le fondement. C'est l'essence même de la transmission de la vie, de la double filiation et de la différenciation des deux pôles du genre humain.

---

28. Les catéchèses données par Jean-Paul II au cours des audiences générales des cinq premières années de son pontificat ont été réunies sous le nom de *Théologie du Corps*. On les trouvera sans problème sur le site *www.theologieducorps.fr*. De nombreux livres existent sur le sujet. On peut conseiller la lecture de *La sexualité selon Jean-Paul II* d'Yves Semen aux Presses de la Renaissance, 2004, ou encore de Mary Healy, *Les hommes et les femmes viennent d'Éden*, éd. des Béatitudes, 2006.

Si tous les hommes sont égaux, cela ne veut pas dire que toutes les situations affectives se valent pour **constituer un couple, se marier et développer une famille**. Les visions subjectives particulières ne peuvent pas servir de références, celles-ci reposant seulement sur des caractères objectifs et universels.

On sait, de longue date, la nécessaire présence de l'homme et de la femme pour assurer à l'enfant un développement psychologique harmonieux, ce que contestent les lobbies homosexuels. Donner à un couple masculin la possibilité d'élever un enfant, c'est finalement rayer la mère pour mettre en place « deux papas ». Et rayer le père, dans le cas inverse, avec « deux mamans ».

d. L'effacement de la dimension morale de la sexualité

L'affirmation des droits des personnes LGBT s'opère d'une part par la **négation des distinctions objectives entre les réalités** pourtant différentes que sont un couple hétérosexuel et les autres formes de couple, et d'autre part par le fondement d'une neutralisation morale de la sexualité. *Comme si la sexualité était extérieure à la sphère de l'agir moral.*

> « Or, la sexualité humaine, comme toute activité volontaire, possède une dimension morale : elle est une activité mettant en œuvre la volonté individuelle au service d'une finalité ; elle n'est pas une “identité”. En d'autres termes, elle relève de l'agir et non de l'être, même si les tendances homosexuelles peuvent avoir des racines profondes dans la personnalité. Nier la dimension morale de la sexualité revient à nier la liberté de l'homme en la matière et porte atteinte ultimement à sa dignité ontologique… Plus généralement, la conséquence majeure – et l'objectif sans doute – de l'extériorisation de la sexualité de la sphère de l'agir moral est d'interdire la possibilité même d'une appréciation morale du comportement. Par suite, la justification morale d'une différence de traitement – d'une discrimination – est rendue impossible : les différents types de comportements

sexuels sont présentés in abstracto comme neutres et équivalents entre eux. Il devient même impossible voire interdit d'exprimer une opinion sur cette question. En revanche, l'approche classique et proprement juridique du concept de discrimination repose sur l'appréciation in concreto des circonstances justifiant, ou non, une différence de traitement [29]. »

De plus, c'est une erreur d'assimiler le comportement sexuel à des critères tels que la race ou l'âge, alors que ces derniers critères sont communément admis en raison même de leur objectivité et non de la subjectivité : ils relèvent de « l'être » et non de l'agir.

e. Le droit à l'enfant et l'intérêt supérieur de l'enfant

On entend beaucoup le discours du *droit à l'enfant*, particulièrement dans le cas des couples homosexuels puisque ce choix porte en lui-même l'infertilité biologique. En revanche, on n'entend jamais, ou exceptionnellement, parler de *l'intérêt supérieur de l'enfant*. Pourtant, la Convention internationale des droits de l'enfant (ONU, 20 novembre 1989) dans son article 3 précise : « Dans toutes les décisions qui concernent les enfants, qu'elles soient le fait des institutions publiques ou privées de protection sociale, des tribunaux, des autorités administratives ou des organes législatifs, l'intérêt supérieur de l'enfant doit être une considération primordiale. » *L'intérêt supérieur de l'enfant est-il vraiment la considération primordiale dans les débats de société actuels ? L'enfant n'est-il pas devenu seulement l'objet d'un désir purement subjectif, quels que soient le sexe et le mode de vie de la personne qui désire un enfant ?*

---

29. Interview de Grégor Puppinck, directeur du « European Centre for Law and Justice », ONG basée à Strasbourg spécialisée en droit européen. Zenit, 24/01/2010.

f. Une atteinte à la liberté d'expression

En allant au-delà de la légitime protection des personnes LGBT contre les violences physiques, les propos de haine, les discriminations injustifiées, voire les agressions physiques caractérisées, pouvant aller jusqu'au meurtre, la théorie du genre, par les diverses dispositions législatives qu'elle a inspirées, porte atteinte à plusieurs droits fondamentaux. Ce sont les libertés d'opinion, d'expression et de religion qui sont malmenées. C'est simplement le droit de ne pas être d'accord qui est retiré au profit d'une pensée unique, au nom de « l'éradication de l'homophobie et de la transphobie », taxées de propos irrationnels et de préjugés.

Dit autrement, tout ce qui n'est pas en accord avec la théorie du genre et favorable aux personnes LGBT est taxé d'homophobie et/ou de transphobie.

g. Le militantisme et le prosélytisme des tenants de la théorie ciblent particulièrement les enfants et les adolescents

Dans la mise en avant du développement des programmes anti-discrimination et des programmes de sensibilisation favorisant la tolérance, le respect et la compréhension des personnes LGBT, le public visé est large et comporte en particulier les établissements d'enseignement. On l'a bien vu à travers l'introduction dans les manuels scolaires en 2011 [30].

Par ailleurs, le fait d'insister sur la nécessité de diverses expérimentations sexuelles pour, soi-disant, mieux se connaître et arriver à la maturité sexuelle constitue une invitation à multiplier les expériences sexuelles de toute nature avec, pour résultat, non pas tant une sexualité mature et épanouie qu'une sexualité blessée dont les conséquences peuvent avoir des répercussions sur la vie entière.

---

30. Voir note 6.

5. Ce que l'Église a à dire

a. Le respect de la création

La Bible (Genèse 1, 26-28 et Genèse 2, 18-25) rapporte le récit de la création du genre humain *« à l'image de Dieu et selon sa ressemblance »*. Homme et femme sont créés avec une égale dignité, dans une nature fondamentalement semblable, mais marquée du sceau de l'altérité.

« Dieu créa l'homme à son image, à l'image de Dieu, il le créa, homme (mâle) *et femme* (femelle) *il les créa. »* La création de l'homme dans sa double nature, mâle et femelle.

L'image biblique du genre humain est marquée par l'hétérosexualité monogamique, portée par l'amour et la fidélité conjugale, ouverte sur la fécondité, la procréation et l'éducation des enfants : *« Croissez et multipliez-vous. »*

Quand le pape Benoît XVI dit que l'homme doit sauvegarder la nature et les merveilles de la création, il est certain que cela englobe aussi l'homme qui doit se protéger lui-même contre sa propre destruction : « Tout ce que l'on désigne communément par le terme d'émancipation de l'identité de genre se traduit en définitive par l'émancipation de l'homme de la création et de son Créateur. » Le Pape estime l'homme coupable de vouloir « se construire tout seul et décider toujours et exclusivement seul de ce qui le concerne ». Agissant ainsi, « il vit contre la vérité, il vit contre l'Esprit créateur ». En disant cela, il ne peut que s'attirer les foudres des associations homosexuelles [31].

---

31. Discours à la curie romaine pour Noël 2008 : « Étant donné que la foi dans le Créateur est une partie essentielle du Credo chrétien, l'Église ne peut pas et ne doit pas se limiter à transmettre uniquement le message du salut à ses fidèles. Celle-ci a une responsabilité à l'égard de la création et doit faire valoir cette responsabilité également en public. Et en le faisant, elle ne doit pas seulement défendre la terre, l'eau et l'air comme des dons de la création appartenant à tous. Elle doit également protéger l'homme contre la destruction de lui-même. Il est nécessaire qu'il existe quelque chose comme une

b. L'égale dignité de l'homme et de la femme et la relation sponsale

L'Église a la mission de défendre la vocation de l'homme et de la femme, le mariage chrétien, source de fécondité et d'accomplissement des personnes, et de dire, de proclamer que seule la relation conjugale entre un homme et une femme donne la vie : le genre humain se rencontre et se vit à travers l'altérité qui fonde « l'ouverture à la vie qui est au centre du développement intégral [32] ». « Une altérité qui trouve son origine dans l'altérité du Dieu trinitaire », comme le souligne Benoît XVI :

> « Seule la rencontre de Dieu permet de ne pas "voir dans l'autre que l'autre", mais de reconnaître en lui l'image de Dieu, parvenant ainsi à découvrir vraiment l'autre et à développer un amour qui "devienne soin de l'autre pour l'autre" [33]. »

Le mariage chrétien est une association dans la dignité mutuelle, le choix librement consenti et la coopération entre les deux époux. L'idéologie du genre s'attaque à l'identité sponsale de la personne humaine, à la complémentarité

écologie de l'homme, comprise de manière juste. Il ne s'agit pas d'une métaphysique dépassée, si l'Église parle de la nature de l'être humain comme homme et femme et demande que cet ordre de la création soit respecté. Ici, il s'agit de fait de la foi dans le Créateur et de l'écoute du langage de la création, dont le mépris serait une autodestruction de l'homme et donc une destruction de l'œuvre de Dieu lui-même. *Ce qu'on exprime souvent et ce qu'on entend par le terme "gender" se résout en définitive dans l'auto-émancipation de l'homme par rapport à la création et au Créateur. L'homme veut se construire tout seul et décider toujours et exclusivement seul de ce qui le concerne.* Mais de cette manière, il vit contre la vérité, il vit contre l'Esprit créateur. Les forêts tropicales méritent, en effet, notre protection, mais l'homme ne la mérite pas moins en tant que créature, dans laquelle est inscrit un message qui ne signifie pas la contradiction de notre liberté, mais sa condition ».

32. Benoît XVI, encyclique *Caritas in Veritatis*, n° 28.

33. Benoît XVI, encyclique *Caritas in Veritatis*, n° 11.

anthropologique entre l'homme et la femme, au mariage, à la maternité et à la paternité, à la famille et à la procréation.

L'Église a toujours souligné qu'il faut tenir compte de l'existence des deux sexes : « L'être humain existe toujours et uniquement comme femme et comme homme », nous rappelait Jean-Paul II dans sa lettre adressée aux femmes, *Mulieris dignitatem* (15 août 1988).

Benoît XVI, dans son encyclique *Caritas in Véritatis*, affirme avec raison que l'humanité ne peut devenir elle-même qu'en se reconnaissant dans « l'unité du genre humain » pour « devenir une communauté vraiment universelle qui naît de l'appel formulé par la Parole du Dieu-Amour » (n° 34). « Hommes et femmes de tous pays et de toutes cultures, nous appartenons à une humanité commune vécue à travers, entre autres, la différence sexuelle et les différences culturelles qui exigent un véritable dialogue interculturel. » (n° 26)

Le Saint-Père affirme par ailleurs, et il faut le souligner, que l'homme ne saurait être **réduit à « un donné purement culturel »**, comme le prétend la théorie du genre. Il souligne le risque de séparer la culture de la nature humaine.

> « Éclectisme et nivellement culturel ont en commun de séparer la culture de la nature humaine. Ainsi, les cultures ne savent plus trouver leur mesure dans une nature qui les transcende, elles finissent par réduire l'homme à un donné purement culturel. *Quand cela advient, l'humanité court de nouveaux périls d'asservissement et de manipulation.* » (n° 26)

La large diffusion du *gender* a entraîné des réactions de diverses communautés ecclésiales dans le monde. Ainsi le synode des Églises d'Afrique en octobre 2009 a donné l'occasion à certains de ses responsables et au pape Benoît XVI de revenir sur quelques vérités que l'Occident veut délibérément occulter aujourd'hui. Ainsi, Mgr Robert Sarah a qualifié cette théorie « d'irréaliste et de désincarnée et même meurtrière, étrangère aux valeurs africaines » et a rappelé que « l'homme n'est rien sans la femme et la femme n'est rien sans l'homme.

L'un et l'autre ne sont rien si l'enfant n'est pas au centre de la famille, constituée seulement par un homme et une femme, cellule de base de la société ».

« La *théorie du genre* véhicule en Afrique une vision morcelante de la famille qui va à l'encontre de la culture africaine. » C'est pourquoi Benoît XVI a souligné avec force cette idée dans son homélie à l'ouverture du Synode :

> « Naturellement, en Afrique, il y a de multiples cultures différentes, mais elles semblent toutes d'accord sur ce point : Dieu est le Créateur et la source de la vie. Or, la vie – nous le savons bien – se manifeste en premier dans l'union entre l'homme et la femme et dans la naissance des enfants ; la loi divine, écrite dans la nature, est par conséquent plus forte et l'emporte sur toute loi humaine, selon l'affirmation nette et concise de Jésus : *« Que l'homme ne sépare pas ce que Dieu a uni. »* (Mc 10, 9) La perspective n'est pas d'abord morale : avant même le devoir, elle concerne l'être, l'ordre inscrit dans la création. »

Au niveau de l'Église, il est évident que ce concept introduirait **une remise en question de l'accès à tous les ministères**. Par ailleurs, il est demandé aux organismes caritatifs de l'Église catholique de ne pas utiliser ces concepts, pas plus que de les accréditer ni de les transmettre, mais cela se produit malheureusement lors de la signature de contrats avec des institutions internationales. La liberté de la rédaction a disparu derrière ce qui est imposé et sans ce passage obligé par la théorie du genre, la signature des contrats s'avère impossible. C'est dire toute l'importance de cette théorie et la nécessité de mieux la connaître.

Chapitre 3

LGBT

Le sigle LGBT est le sigle de *Lesbian, Gay, Bisexual and Transgendered people* et adapté en français en « Lesbiennes, gays, bisexuels et transgenres », c'est-à-dire les personnes ayant un attrait affectif et sexuel pour le même sexe, féminin (lesbiennes) ou masculin (gays), ou pour les deux (bisexuels), les personnes transgenres vivant un conflit entre leur identité biologique, naturelle, et leur identité psychologique, à savoir la certitude d'appartenir à l'autre sexe.

Étymologiquement, les mots « sexualité », « sexué » et « sexe » proviennent du latin *secare*, « couper, diviser ». Cette racine indique donc la *séparation* des sexes, caractéristique première et principale de la reproduction sexuée par le rapprochement des organismes mâle et femelle afin de réaliser la fécondation. Si le mot *sexualité* désigne donc en premier lieu le caractère de ce qui est sexué, l'ensemble des caractères propres à chaque sexe, il est aussi entendu, aujourd'hui, comme l'ensemble des diverses modalités de la satisfaction sexuelle.

C'est dire qu'il renvoie dès lors, outre ses fondements biologiques, aux comportements, aux aspects psychiques et en particulier aux aspects affectifs et émotionnels, aux phénomènes culturels propres à chacun, mais aussi à chaque pays, à chaque continent.

La sexualité touche tous les aspects de la personne humaine, dans son unité entre l'âme et le corps, et le monde qui l'entoure. Elle renvoie à l'affectivité, à la capacité d'aimer et de procréer et, de manière plus générale, à la capacité de créer des liens de communion avec autrui. Elle a une dimension personnelle, relationnelle et sociétale.

En France, la dernière enquête rendue publique, en mars 2007, sur l'évolution du comportement sexuel des Français [1] a montré l'évolution de ces dernières années. Elle est marquée par l'augmentation de la fréquence de plusieurs partenaires chez les femmes au cours de la vie, ce qui était déjà connu chez l'homme, le bouleversement du mode de rencontres du fait de l'arrivée d'Internet, l'usage des moyens de prévention et enfin le développement des orientations sexuelles autres que l'hétérosexualité.

Ce sont ces autres orientations que nous allons envisager. Elles peuvent réellement poser un problème identitaire. On constate en effet chez l'être humain de plus en plus d'ambigüité et de confusion dans sa manière d'assumer sa propre identité sexuelle, de vivre selon sa nature, alors que la sexualité tend à être traitée comme un phénomène culturel.

1. Homosexualités

Le problème de l'homosexualité est trop complexe pour que l'on puisse employer le singulier. Le pluriel s'impose. C'est d'autant plus important que nous rencontrons des *personnes* homosexuelles et non *des* homosexuels : nous ne pouvons pas réduire une personne à ses orientations et pratiques sexuelles. Cependant, la plus grande visibilité

1. « Contexte de la sexualité en France » réalisée en 2006 par une équipe de chercheurs en sociologie, démographie et épidémiologie de l'INSERM (institut national de la santé et de la recherche médicale) et l'INED (institut national des études démographiques).

de l'homosexualité dans nos sociétés nous interpelle, et *ce questionnement porte en tout premier lieu sur la masculinité et la féminité, le masculin et le féminin.*

Le terme « homosexualité » vient de l'association de deux racines : l'une est grecque (*homos* : « semblable, identique », par opposition à *hétéros* : « différent, autre ») ; l'autre est latine, *secare,* déjà vue, racine qui porte en elle *la séparation des sexes, la différence première, la distinction fondamentale entre les êtres humains* [2].

L'homosexualité soulève **une difficulté par rapport à la différence des sexes, à la complémentarité homme-femme, à l'altérité**. Le désir d'une personne homosexuelle est orienté vers des personnes du même sexe. Il existe une incapacité à accéder érotiquement au désir de l'autre sexe. **Ce non-accès à l'altérité est, par définition, constitutif de l'homosexualité** [3]**.**

---

2. Le mot « homosexualité » est relativement récent, forgé dans un contexte médical et légal. La paternité en revient à Karl Maria Kertbeny en 1869, homme de lettres hongrois qui luttait pour l'abolition des lois punissant d'emprisonnement ces comportements sexuels ; ce mot fut repris par le Dr Kraft-Ebing en 1886 dans son livre *Psychopathia sexualis* classant ces personnes parmi les malades atteints de perversion.

La « dépsychiatrisation » de l'homosexualité remonte à Albert Moll (1862-1939) qui ne la qualifie pas de pathologie mentale ou physique, parlant de la « normalité des invertis », mais surtout lorsque *l'Association des psychiatres américains* a décidé en 1973 que l'homosexualité n'était pas une maladie, au cours d'un vote en assemblée. De même, en 1974, *pour l'Association internationale de psychanalyse,* par un vote à main levée. À la suite de cela, l'OMS, en 1991, puis de nombreux pays, ont rayé l'homosexualité de la liste des maladies mentales. En France, sur le plan juridique, l'homosexualité a été dépénalisée en août 1982 sous la présidence de François Mitterrand.

3. Éliane Amado-Levy Valensi, *Le grand désarroi aux racines de l'énigme homosexuelle*, Éditions universitaires, 1973, p. 43. On peut d'ailleurs rappeler que le refus de l'autre est l'essence même du racisme.

Dans l'homosexualité, l'autre n'est pas réellement un autre, c'est-à-dire distinct, puisqu'il est le même que soi. « L'homosexuel ne dépasse pas les limites de sa propre sexualité puisque son partenaire n'est pas une personne qui réalise l'autre manière d'être dans la condition humaine [4]. » *L'attirance homosexuelle est à situer dans le processus d'organisation de la personnalité.*

La demande, faite aujourd'hui, d'égalité de droits concernant le mariage, l'adoption d'enfants, la PMA (procréation médicalement assistée ou AMP: assistance médicale à la procréation) ou encore les mères porteuses renvoie à un problème symbolique majeur: **celui de disqualifier le modèle hétérosexuel du couple fondateur**, à savoir un père et une mère.

On ne parle plus aujourd'hui de maladie [5] dans le cas d'homosexualité et on encourt même l'accusation d'homophobie [6] si on se risque à le faire. Cependant, réfléchir

---

4. Henri Wattiaux, *Que penser de? L'homosexualité*, n° 48, 2001, p. 20.

5. L'homosexualité a longtemps été intégrée au sein des maladies psychiatriques. Dans le traité de psychiatrie classique, qui fut la référence jusqu'au début des années 1970 (Henri Ey, Paul Bernard et Charles Brisset, *Manuel de psychiatrie*, Masson, 1963), on trouve l'homosexualité dans le chapitre des perversions sexuelles. L'utilisation du mot perversion en psychiatrie n'a pas de connotation morale, mais renvoie directement à l'étymologie même du mot, d'origine latine: « mettre sens dessus-dessous, détourner ». Les perversions sexuelles sont des comportements qui se substituent de façon exclusive ou privilégiée aux conditions dites « normales » de la jouissance et des conduites qui s'y rattachent. Dans les traités de psychiatrie, on remplace cette notion, qui a été chargée de connotation morale, par celle de paraphilie.

6. Le terme homophobie est en fait particulier. Si on prend l'étymologie du mot *homos*, « le même, l'identique » et *phobos*, « la crainte, la peur », ce serait donc la peur du même. Or, très généralement, c'est de l'autre, de l'étranger que l'on a peur. Cette peur de l'étranger est à la base du racisme, de la xénophobie. En fait, on a assisté à un glissement sémantique progressif avec l'utilisation

sur l'homosexualité et poser des questions sur le sujet est également souvent taxé d'homophobie, *Le problème posé est pourtant celui de l'identité sexuelle et d'une confusion entre orientation sexuelle et identité.* Freud, dans une lettre à une mère d'homosexuelle, écrivait que l'homosexualité ne pouvait être classée comme une maladie ; il ajoutait que « cette variation de la fonction sexuelle résultait d'un arrêt du développement sexuel ».

Tout ceci ne signifie pas pour autant que l'orientation homosexuelle doive avoir une valeur normative. Combattre tout ce qui est persécution, calomnie, haine ou passages à l'acte homophobes est une nécessité absolue, mais poser un principe d'équivalence entre la relation hétéro et homosexuelle est une erreur, la différence des sexes étant inscrite dans le fait même de la condition humaine.

> « Il ne relève pas moins de la stricte honnêteté et du respect de la vérité d'affirmer une non-équivalence, une dissymétrie entre hétérosexualité et homosexualité. D'oser dire que les conduites mettant érotiquement en jeu l'homosexualité sont anormatives et objectivement déficientes. Cette déficience peut se traduire en différents termes : arrêt du développement, orientation narcissique plus marquée, trouble plus grand des gestes, plus grande compulsivité… Le déni de cela, surtout dans un contexte éducatif, en relation avec des jeunes, qui se trouvent bien souvent en période de doute et d'incertitude à cet égard, me paraît être un manque grave à la responsabilité éducative [7]. » « Cela dit, il importe de souligner que les personnes homosexuelles sont appelées aux mêmes valeurs éthiques que les autres, dans la situation où elles se trouvent [8]. »

---

du préfixe *homo* pour désigner les homosexuels mâles. La peur du même est devenue la peur, voire l'aversion et l'hostilité envers les homosexuels et l'homosexualité.

7. Xavier Lacroix, *Le corps de l'esprit*, Foi vivante, 1999, p. 85.

8. Xavier Lacroix, in Lesegrétain, *Les chrétiens et l'homosexualité. L'enquête*, Presses de la renaissance, 2004, *op cit.*, p. 266.

Nous l'avons dit, l'identité ne se résume jamais à un comportement, à une orientation. *On ne peut réduire une personne à ses traits de caractère, à ses actes ou à ses tendances.* Le respect que nous devons aux personnes homosexuelles, et il est impératif, ne signifie pas une adhésion au discours social qui tente actuellement, et de façon très insistante, de banaliser l'homosexualité et d'en faire un modèle d'union au même titre que l'hétérosexualité.

Il est difficile de connaître avec précision le pourcentage de personnes homosexuelles, en raison du silence d'autrefois et de la médiatisation à outrance de ces dernières années sous la pression des lobbies homosexuels. L'homosexualité est **majoritairement un phénomène masculin** dans une proportion du simple au double : 4,1 % des hommes et 2,6 % des femmes ont déclaré avoir eu au moins un partenaire de même sexe [9]. De façon habituelle, les chiffres de 3 à 7 % des hommes et de 2 % à 4 % des femmes à avoir eu, dans leur vie, une ou plusieurs expériences homosexuelles sont habituellement avancés. Y a-t-il actuellement une augmentation ? C'est une possibilité chez les femmes, mais surtout, des différences importantes selon l'âge et le niveau socioculturel des hommes sont constatées : 15 % des hommes vivant à Paris et titulaires de diplômes universitaires (bac + 2) ont eu une relation homosexuelle, alors que ce chiffre est de l'ordre de 3 % dans les petites communes [10].

N'observe-t-on pas également une forte médiatisation (cinéma, télévision, publicité, défilé des fiertés homosexuelles ou « gay pride ») qui permet certainement de dire plus facilement son homosexualité. On peut se demander si certaines personnes, dont l'identité sexuelle est fragile, n'auraient pas

9. Rapport Spira du ministère de la Recherche : « Les comportements sexuels en France », Paris, *La Documentation française*, 1993.

10. Enquête « Contexte de la sexualité en France » réalisée en 2006 et publiée en 2007. Déjà citée.

évolué vers l'hétérosexualité en l'absence d'une image de l'homosexualité banalisée de nos jours, voire encouragée au nom de la liberté.

La différence numérique entre homme et femme est difficile à expliquer. La femme a certainement moins tendance à sexualiser ses désirs que l'homme, elle est plus affective ; par ailleurs, le désir de maternité peut représenter une raison de ne pas s'établir dans une relation homosexuelle. L'homme a-t-il plus de difficulté à évoluer vers la masculinité au point de parler de « **crise de la masculinité** » ? Il est également possible que les femmes consultent moins sur ce sujet que les hommes [11].

L'homosexualité n'est pas d'origine génétique, nous y reviendrons plus loin. Ce courant est pourtant très développé en Amérique du Nord. Cette hypothèse, qui n'a jamais été démontrée, invite en fait à déresponsabiliser la personne à qui est proposée l'affirmation : « Tu n'y es pour rien, tu es né comme cela, tu n'as plus qu'à assumer… », c'est-à-dire « à vivre ton homosexualité sans alternative possible ». Ceci conduit à entendre certaines remarques, comme celle d'un prêtre homosexuel déclarant dans une émission de télévision : « Dieu m'a créé ainsi, il n'a qu'à prendre ses responsabilités ! », ce qui est le propre du discours pervers.

---

11. On peut rappeler ici l'hypothèse d'Éliane Amado-Levy Valensi à propos de la Grèce ancienne : « Le mépris et la peur de la femme, dans une société virilocentrique, engendrent l'homosexualité masculine, d'où dérive, chez les femmes délaissées, l'homosexualité féminine, expression de leur propre peur, de leur propre mépris et aussi de leur révolte. » Et plus loin : « L'homosexualité féminine est une expression seconde, n'apparaissant que l'ombre portée de l'homosexualité masculine ambiante, que comme un des aspects aliénés de la protestation féminine contre la ségrégation. Cela se voit clairement à travers les mouvements modernes de l'émancipation féminine. S'émanciper, c'est, pour beaucoup de femmes, échapper à l'homme, le nier, se nier, éluder l'affrontement de la différence ».

Il faut donc sortir de ce discours obsolète de l'inné et de l'acquis concernant l'homosexualité. Nous ne sommes pas biologiquement déterminés à être homosexuels ou hétérosexuels. Cela ne veut pas dire que des phénomènes biologiques n'interviennent pas dans la sexualité ; ce serait ridicule de l'affirmer et même contraire à la globalité de l'homme. C'est pour cela que, même si des facteurs génétiques étaient trouvés, ils n'expliqueraient pas à eux seuls l'homosexualité. L'homme ne peut être réduit à un pur déterminisme génétique, voire biochimique. *L'environnement, l'éducation, les événements, les éléments conscients et/ou inconscients qui marquent le développement psychologique et affectif, la vie de chacun et la façon toute personnelle que nous avons de résoudre ou pas nos conflits sont autant de facteurs qui sont constitutifs du développement de notre personnalité.*

a. Non pas une, mais des homosexualités

Le terme d'homosexualité recouvre des entités différentes. Il faut d'abord rappeler la **distinction entre homophilie et homosexualité**. Elle permet de différencier la tendance des pratiques, c'est-à-dire des actes. La tendance n'est pas voulue, nous n'en sommes pas responsables. À l'inverse, les actes que nous choisissons de poser engagent notre volonté et notre responsabilité car les fantasmes homosexuels n'entraînent pas nécessairement des pratiques sexuelles [12].

L'attrait homosexuel se découvre parfois très tôt, entre quatre et sept ans, mais le plus souvent, il apparaît à l'adolescence ou même de façon plus tardive et progressivement vers dix-neuf ou vingt ans. « Je ne l'ai pas voulu, je ne l'ai pas choisi, aussi loin que je remonte dans mon enfance »,

12. L'homophilie est également appelée « homoaffectivité », attirance affective et sexuelle vers la personne du même sexe.

m'ont confié plusieurs personnes venues me consulter. Et effectivement, *la constitution très précoce de l'orientation homophile explique que souvent, l'homosexualité ne se présente pas comme un choix de vie, elle s'impose à la personne*.

On parle d'homosexualité surtout en cas de passage à l'acte, qui confirme l'attirance affective et sexuelle (Élisabeth Moberly, 1983). Ce peut être tantôt une vie en couple, installant la relation dans la durée, qui peut être parfois tendre et heureuse, parfois tumultueuse et passionnelle, du fait d'une attente affective importante ; et tantôt la multiplication des partenaires et la répétition plus ou moins compulsive des passages à l'acte dans les nombreux lieux de drague connus des milieux homosexuels.

Il existe **différentes formes d'homosexualités**. Le point commun est que la personne homosexuelle n'a pas accédé à l'altérité. C'est un arrêt au cours du développement, on pourrait dire un « arrêt sur image ». Elle se situe, en effet, dans une relation spéculaire, dans le miroir, avec le semblable, sans aller jusqu'à l'altérité marquée précisément par ce qui sépare radicalement, c'est-à-dire l'autre sexe. Ce non-accès à l'altérité n'engage en rien l'intérêt, et l'amour porté aux autres, qui peut être très fort chez les personnes homosexuelles.

Les tendances homosexuelles peuvent être latentes, cachées ou sublimées dans des activités artistiques, humanitaires, religieuses ou dans la qualité des relations quotidiennes, ce qui protège des passages à l'acte. Il s'agit de personnalités souvent fragiles et inquiètes, avec des fantasmes homo et hétérosexuels. La culpabilité vis-à-vis de ces fantasmes peut conduire ces personnes à demander de l'aide.

L'homosexualité accidentelle concerne surtout des enfants ou des adolescents qui ont connu des expériences passagères entre jeunes du même âge ou avec un aîné initiateur, ces expériences n'engageant pas vraiment leur désir [13]. Cela apparaît aujourd'hui plus nettement parce qu'on aborde plus facilement ce sujet et à cause du prosélytisme des lobbies homosexuels. *Une expérience homosexuelle à l'adolescence ne signifie pas pour autant une orientation homosexuelle.*

L'homosexualité réactionnelle renvoie à des conduites homosexuelles apparues à des moments difficiles de la vie, en particulier lors des ruptures affectives : séparation, divorce, crise du milieu de vie. Cependant, elles font écho à une ambivalence personnelle et à divers problèmes psychiques qui n'apparaissent pas en tant que tels : fixation maternelle, contre-identification paternelle, *self* fragile qui rend timide et impuissant à l'égard de l'autre sexe.

L'homosexualité structurelle se met en place précocement et donne l'impression au sujet qu'il est né ainsi. La prise de conscience peut donc être ancienne, « de toujours » disait l'un d'entre eux, ou plus tardive, le plus souvent à l'adolescence. La souffrance qui en résulte peut être importante et l'acceptation difficile, encore qu'elle soit souvent plus proche de la résignation.

Pour en savoir plus

Le psychanalyste Jacques Arènes [14] évoque trois grands types de personnalités en lien avec l'homosexualité : névrotique, pervers et narcissique, toute classification étant par essence réductrice.

– **L'homosexualité de type névrotique** correspond à une structure mentale où l'œdipe a été abordé et permet l'accès

13. Il n'est plus rare de voir des histoires surgir, parfois même devant les tribunaux, d'un des membres d'une fratrie, devenu majeur, qui se plaint d'avoir été victime des agissements sexuels d'un frère, d'un cousin… alors qu'ils étaient tous mineurs. Le plus souvent, il n'y a pas de conséquences négatives, mais il ne faut surtout pas les sous-estimer car elles peuvent être plus lourdes avec une interférence nette dans le développement de la vie affective du sujet.

14. Claire Lesegrétain, *Les chrétiens et l'homosexualité. L'enquête*, Presses de la renaissance, 2004, p 61-62.

à l'altérité. On n'est pas dans la fusion et une juste distance par rapport à l'objet de l'amour est gardée.

– **L'homosexualité de type pervers** correspond à une structure mentale où l'accès à l'altérité n'a pas été possible, l'autre n'est pas reconnu pour ce qu'il est en tant que tel et peut être nié, « phagocyté », autrement dit instrumentalisé, manipulé. Il lui faut toujours du nouveau et il peut exister une relation addictive à la sexualité.

– **L'homosexualité de type narcissique** est une sorte d'amour en miroir, où les bases narcissiques n'ont pas été suffisamment établies, avec une défaillance de l'estime de soi. La mère n'a pas suffisamment soutenu la construction de l'enfant, en particulier dans la confiance. L'homme s'identifie à sa mère et se comporte comme il aurait voulu qu'elle se comporte avec lui. Il recherche un partenaire-substitut qui souvent le représente, un homme plus jeune, très souvent, avec lequel s'établit un rôle de « mère tendre ».

Le problème se situe ici beaucoup plus au niveau des failles du narcissisme que de l'homosexualité elle-même. C'est dans le miroir de l'autre que je vérifie mon identité. « L'autre n'est pas vraiment autre, puisqu'il est moi-même ; il n'est pas non plus moi-même, mais autre... C'est-à-dire, à la lettre, moi-même hors de moi, en face [15]. »

La thérapie doit permettre de sortir de ces failles par un travail de réconciliation, d'apaisement par rapport aux angoisses intérieures et à la forte dépréciation de soi-même.

À l'inverse, des **relations de type narcissique et/ou fusionnel** peuvent s'établir. C'est dans le miroir de l'autre que je vérifie mon identité. « L'autre n'est pas vraiment autre, puisqu'il est moi-même ; il n'est pas non plus moi-même, mais autre... C'est-à-dire, à la lettre, moi-même hors de moi, en face [16]. »

---

15. Marc Oraison, *La question homosexuelle*, Ed. du Seuil, 1975.

16. Marc Oraison, *op. cit.*

Outre l'impossibilité d'accéder à l'altérité, certaines homosexualités renvoient à une difficulté de vivre, une peur de vivre en raison de *la fragilité des bases narcissiques. Ce manque par rapport à sa propre identité peut être à l'origine du désir de la rencontre* : remplir un vide, trouver une sécurité, rechercher en l'autre ce qui manque, précisément dans un phénomène d'identification, celle-ci ayant été terriblement absente lors de l'enfance. Il existe une quête permanente de se réaffirmer soi-même, de combler un vide intérieur, d'où les activités sexuelles compulsives. Le manque est fondamental et impossible à satisfaire, sinon par l'aliénation à l'autre, lui qui par essence ne peut être que déficient, ce qui est le propre de la nature humaine. Vivre une certaine maturité, c'est accepter que l'autre ne comble pas tous mes besoins. Et le chrétien ajoute : c'est ne pas lui demander ce que Dieu seul peut me donner.

La plus grande proportion de dépressions ou de troubles de la personnalité chez les personnes homosexuelles témoigne de cette plus grande fragilité psychologique, qui augmente le risque suicidaire : le taux de suicide chez les jeunes homosexuels est en effet de quatre à six fois supérieur à celui des hétérosexuels [17].

L'explication donnée, en particulier par les milieux gays, est que l'intolérance de la société et des familles à leur égard constitue la base de ces difficultés, ce qui sous-tend le plaidoyer pour l'acceptation et l'égalité des droits. Ce raisonnement est trop orienté et incomplet. Car en dehors des difficultés de l'acceptation sociale, l'orientation homosexuelle peut être difficile à assumer par la personne elle-même et cette fréquente souffrance de la non-acceptation de soi-même n'est que trop rarement évoquée.

---

17. Jean-Marie Firdion et Éric Verdier, *Homosexualités et suicide*, Paris, H et O Éditions, 2003. Les sites Internet homosexuels avancent le risque comme étant treize fois supérieur.

Il faut pourtant souligner la souffrance psychique des homosexuels qui viennent consulter. Un mal-être sévère, une angoisse profonde, un manque cruel d'espérance et une dépression sont souvent au premier plan, ce qui explique que, dans ces demandes, le problème de l'homosexualité n'est pas toujours le problème numéro un, tant s'en faut, tout au moins dans l'immédiat.

b. L'origine de l'homosexualité

L'homosexualité est certainement un exemple de l'interaction de nombreux facteurs.

La place de la génétique

Il faut évoquer d'emblée la place de la génétique et nous avons déjà ébauché cette approche. Depuis de nombreuses décennies, les recherches portant sur une éventuelle origine génétique de l'homosexualité se poursuivent. À ce jour, elles n'ont donné aucun résultat déterminant.

Les études ont porté en particulier sur les jumeaux. Pour les jumeaux hétérozygotes, elles n'apportent aucun élément décisif. Pour les jumeaux homozygotes, les vrais jumeaux, il faut encore tenir compte du milieu dans lequel ils ont été élevés, sous peine d'enlever toute sa valeur à l'étude génétique. Les gênes étant identiques, en cas d'origine génétique de l'homosexualité, la concordance devrait être de 100 %.

S. Clerget [18] cite l'étude américaine, parue en 1991, de J.-M. Bailey et R. Pillard, portant sur une cinquantaine de paires de vrais jumeaux. Cette étude montrait que si un homme homosexuel a un vrai jumeau, celui-ci a une chance sur deux d'être homosexuel. La possibilité de devenir homosexuel était moins importante pour les jumeaux hétérozygotes (22 %),

---

18. S. Clerget, *Comment devient-on homo ou hétérosexuel*, J-C Lattés Ed., 2006, p. 80.

pour des frères adoptifs (10,5 %) ou des frères biologiques (9,2 %), ce qui est curieux pour un facteur de probabilité génétique. Cependant, l'étude portait sur un faible nombre d'individus et, par ailleurs, point capital, les résultats étaient biaisés puisque le recrutement des personnes étudiées s'était effectué par des annonces publiées dans des journaux ou revues destinés à un public homosexuel.

En 1993, les résultats d'une étude de Dean Harmer, généticien de renom, firent grand bruit : « le gène gay » avait été trouvé. Ce chercheur avait montré, chez quarante paires de jumeaux homozygotes, l'existence chez 75 % d'entre eux de phénomènes de liaisons génétiques (*linkage*) entre des marqueurs du chromosome féminin X, particulièrement au niveau de la région Xq 28. Cependant, corrélation ou lien ne signifient pas causalité et cet auteur concluait prudemment que la génétique ne pouvait jouer un rôle que chez une minorité d'hommes homosexuels. Trois autres études ont confirmé ces données… qui ont été infirmées par des travaux ultérieurs.

C'est dire si le facteur génétique de l'homosexualité reste hypothétique ou, tout au moins, ne doit pas être considéré comme déterminant. Et de toute façon, l'expression d'un gène peut être différente en fonction de différents facteurs, dont l'environnement.

Qu'en est-il de la place de la neurobiologie et des hormones ?

Nous avons vu, dans un précédent chapitre[19], l'intervention des hormones et des facteurs neurobiologiques dans l'organisation de la différenciation sexuelle de l'appareil génital et du cerveau. À partir du deuxième trimestre, le cerveau fœtal va lui aussi se différencier en fonction du sexe. Pour l'hypothalamus humain, la différenciation sexuelle, la dimorphie du

19. Chapitre sur l'identité.

cerveau, n'apparaît évidente qu'entre l'âge de deux ans et le début de la période adulte. S'il est certain que les structures profondes du cerveau (hypothalamus et système limbique, le cerveau émotionnel) interviennent dans la sexualité et l'instinct sexuel chez l'animal, il faut rappeler que chez l'homme, le principal facteur qui initie les activités sexuelles est le plaisir somato-sensoriel, et non pas l'instinct comme chez l'animal. Par ailleurs, il faut, aussi, se souvenir qu'au-dessus de ces structures cérébrales plus anciennes existe le cortex cérébral dont le rôle modulateur sera essentiel [20].

Une imprégnation hormonale durant la grossesse a pu être évoquée dans certains cas d'homosexualité : durant la grossesse, le cerveau des futurs homosexuels serait moins imprégné d'hormones mâles ou plus imprégné d'hormones femelles. On connaît l'histoire difficile des filles dont la mère a reçu du diethylstilboestrol [21] pendant la grossesse : elles présentent également un certain risque de devenir bi- ou homosexuelles.

---

20. Certaines études menées sur le cerveau, tant au niveau d'homosexuels que d'hétérosexuels, en post-mortem, ont montré des différences de taille de certaines structures cérébrales, en particulier au niveau de noyaux de l'hypothalamus (noyau INAH-3) dont la dimension s'avère plus petite chez les femmes et les hommes homosexuels que chez les hommes hétérosexuels. En fait, nous sommes une fois encore face à la problématique de la poule et de l'œuf ! On est en droit de penser que ce n'est pas la structure cérébrale qui induit le désir, mais bien celui-ci et sa mise en œuvre qui modifient la structure du cerveau.

21. Le Distilbène : médicament aujourd'hui retiré de la vente, utilisé pour éviter les fausses-couches et qui s'est révélé à l'origine de graves malformations sur le fœtus, particulièrement pour les filles : anomalies anatomiques, conséquences sur la fertilité et stérilité, conséquences sur la grossesse, cancer du vagin. En raison des malformations génitales provoquées par l'exposition au DES in utero, ces jeunes femmes ont de grandes difficultés à être enceintes et à mener une grossesse à terme (grossesses extra-utérines, fausses couches, grande prématurité...).

Organisation de la personnalité

C'est surtout dans le processus d'organisation de la personnalité, dans le développement psychoaffectif, qu'il faut chercher l'origine de l'orientation homosexuelle. Mais rien n'est simple. Deux citations, assez affirmatives, montreront la complexité du problème : « Il semble qu'aucune théorie psychanalytique, biologique, sociale, familiale... ne permette d'expliquer pourquoi certaines personnes sont homosexuelles [22] » et par ailleurs : « L'homosexualité est et restera une énigme [23]. »

Il faut avant tout **s'orienter sur ce qu'a vécu l'enfant au plan affectif et symbolique qui a ensuite interféré et modifié le processus normal de sa croissance psychoaffective**. Néanmoins, certains psychologues et/ou psychiatres considèrent qu'il n'existe pas de différence notable entre l'éducation et la dynamique parentale d'une personne hétérosexuelle et/ou homosexuelle.

> « Pour autant que soient vérifiables ces théories explicatives de l'inversion des goûts sexuels, l'homosexualité advient dans le sillage d'un arrêt sur le chemin de la maturité affective dans une histoire liée étroitement à l'inconscient, aux étapes du développement sexuel que chacun(e) franchit à la petite enfance en se situant dans un rapport transitoire d'identification avec son père ou avec sa mère, une étape décisive de ce développement étant l'adolescence [24]. »

On peut regrouper en deux grandes catégories de facteurs psychoaffectifs les éléments rencontrés : des données classiques bien connues, que l'on pourrait appeler « le schéma de base », et des éléments de fragilisation, avec un sentiment d'insécurité, de manque de confiance, de peur mêlée d'angoisse et d'un faible sentiment d'identité.

---

22. Claire Lesegretain, *op. cit.*, p. 22.
23. Éliane Amado Lévy-Valensi, *op. cit.*
24. Henri Wattiaux, *Que penser de ?*, n° 48, 2001, p. 13.

Les données classiques **communes aux deux sexes conduisent à s'arrêter sur les phénomènes d'identification au parent du même sexe** qui permettent à l'enfant le plein développement de son évolution psychoaffective et l'issue de la phase œdipienne. L'enfant élabore progressivement son identité à partir du lien qu'il entretient avec ses parents. Le petit garçon, amoureux de sa maman, sort de cette phase par l'identification au père qui le détache de la mère par l'interdit de l'inceste. La petite fille, qui rêve d'avoir des enfants avec papa, voit sa route barrée par le même interdit et rejoint l'image de maman dont la vie affective se nourrit, en interaction réciproque, de sa relation au père de l'enfant.

> « Bien que l'amour d'une mère soit très important, il n'est pas en son pouvoir de dire à son fils qu'il est un homme ou à sa fille qu'elle est une femme. C'est le père qui établit son fils ou sa fille dans son identité sexuelle et, par conséquent, dans son identité de personne [25]. »

L'homosexualité s'origine dans des perturbations des relations parent-enfant, et plus précisément dans un déficit dans la relation, dans l'attachement et dans l'identification au parent du même sexe.

Le support d'identification au parent du même sexe n'a pas ou a mal fonctionné. Cet échec (la « désidentification ») conduira, tout au long de la vie, à une recherche identificatoire de l'autre, cet autre qui m'a manqué, l'autre comme moi : le père (l'homme) pour le petit garçon, la mère (la femme) pour la petite fille.

Il y a donc tout à la fois déficit dans la relation avec le parent du même sexe, carence du support d'identification, mais aussi recherche de celui-ci, quête de son identité, en miroir, par manque d'une référence pour affronter la différence, l'altérité. L'orientation homosexuelle vise à compenser ce déficit identificatoire et relationnel parent-enfant.

---

25. Leanne Payne, in Claire Lesegrétain, *op cit.*, p. 224.

L'homosexualité renvoie donc à une double dynamique : déficience dans l'identification au parent du même sexe et recherche de la complétude envers ce sexe défaillant. **Il s'agit d'une défaillance affective et symbolique et d'une quête d'amour et d'identité.** Ces besoins restent en suspens et se trouvent secondairement érotisés dans les activités sexuelles. Cependant, une fois adulte, le temps des fondements de la structuration de la personnalité est révolu et la permanence de l'activité homosexuelle montre que ce manque identitaire reste ouvert.

On observe une **ambivalence** de la relation avec la figure parentale du même sexe qui a fait défaut : il y a **tout à la fois non-attachement, non-investissement, mais aussi recherche affective à renouer et besoin de compenser**. Tous cherchent à combler le besoin normal d'attachement, de support affectif, qui a fait défaut, dans leur structure propre, au cours du processus de croissance.

Ainsi, la fixation de l'homosexuel mâle vis-à-vis de la mère, qui est toujours mise en avant, serait plutôt un effet qu'une cause, la défaillance paternelle en tant que support symbolique étant l'élément majeur. Ceci explique que les mères d'homosexuels masculins ne sont pas aussi caricaturales qu'on les représente. Et si l'investissement affectif du père ne peut se faire, il reste la mère, dans un attachement anormal au sexe opposé, dont la personne homosexuelle n'a pu se séparer ni prendre de la distance par le jeu de la complémentarité et de la différenciation.

Cette ambivalence envers le même sexe, qui est au cœur de la condition homosexuelle à la fois chez l'homme et chez la femme, peut se retrouver dans l'animosité, l'hostilité et la violence qui seront exercées vis-à-vis de ce parent et, plus tard, envers les représentants du même sexe.

Ces besoins affectifs et psychologiques, alors que l'enfant s'engage dans la période œdipienne, persistent chez une personne devenue adulte. L'homosexualité n'est donc pas un problème œdipien, mais bien plutôt préœdipien. Et l'homosexualité, répétons-le, est la **recherche d'une complétude affective secondairement sexualisée, une tentative de renouer avec le parent du même sexe et de compenser des déficits dans la relation parent-enfant**.

La quête d'amour est essentiellement la recherche affective d'un des parents. Pour combler un besoin normal d'attachement, resté inassouvi durant l'enfance et la préadolescence, l'homme homosexuel cherchera l'amour de son père dans un autre homme, la femme homosexuelle cherchera l'amour de sa mère dans une autre femme, *pour que cet autre homme, cette autre femme, du même sexe, leur apportent ce sentiment de complétude qui leur manque.*

Du fait de ces manques, les fondements de l'enfant – qui se construisent progressivement – se trouvent fragilisés. Le mal-être est fait **d'angoisse, d'insécurité et d'une défaillance du sentiment d'identité**. La croissance psychoaffective est en difficulté, ce qui peut conduire l'enfant à l'isolement et au repli, à une peur de la différence elle-même impossible à assumer.

Il faut ajouter que le développement d'une orientation homosexuelle chez un enfant renvoie à sa propre dynamique psychologique, sa façon de vivre dans le monde, en particulier familial, et particulièrement sa relation avec le parent du même sexe. *Ainsi, dans une fratrie, un des enfants présentera une orientation homosexuelle et non les autres.*

Dans **l'homosexualité masculine**, on retrouve ce qui vient d'être exposé : un père dont l'image est trop faible – une mère occupant l'essentiel de la place inoccupée, désertée par le père, réellement et/ou symboliquement. La relation au père ne s'est pas faite.

L'identification à la mère est une composante importante du développement affectif d'un homme homosexuel. L'identification sera féminine avec le développement de qualités plus féminines que masculines (adoption des attitudes et des comportements féminins, façon de marcher, de parler, gestuelle particulière, mais aussi goûts pour le beau, l'esthétique). Le besoin du père, y compris physique, conduit à tenter de combler cette carence de la figure paternelle par la recherche d'amitiés masculines et par l'entrée en contact avec le masculin d'un autre homme. Les hommes recherchent souvent les traits de caractère (la virilité par exemple) qui ont été ignorés chez eux, pour s'approprier ces traits dont ils se sentent privés.

L'image négative du père peut venir, *non plus de la faiblesse de l'image, mais de son comportement* : père violent, tyrannique, non aimant, froid et distant, avec la même impossible identification pour le fils qui peut être animé de ressentiment, de colère, voire de haine à son égard.

Par sa force et sa puissance, la mère peut avoir également induit la peur inconsciente (ou pas) de la femme et rendu impossible le passage vers l'altérité.

Dans **l'homosexualité féminine**, le même double phénomène se retrouve : l'absence de relation confiante et affectueuse avec le parent du même sexe – la mère durant la petite enfance – et la quête (consciente ou inconsciente) d'un substitut maternel destiné à combler le déficit d'amour maternel. L'identification à la mère a été troublée, difficile ou impossible, soit parce qu'elle était agressive, peu affectueuse, froide, tenant à distance l'affect, soit parce qu'elle se montrait possessive, captatrice.

La relation au père, et la dynamique de séduction à son égard, n'a pas pu se construire, soit parce qu'il est dévalorisé par la mère, soit et pire encore parce qu'il a été un agresseur, en particulier par des violences sexuelles [26]. L'homme alors ne représente pas l'objet de désirs, il peut même devenir un repoussoir.

---

26. On estime qu'en France, un enfant sur neuf a été victime d'abus sexuel. Une fille sur cinq et un garçon sur dix ont été victimes d'abus sexuels avant 18 ans.

Facteurs de fragilisation

Outre ces données psychodynamiques classiques, il faut insister sur des éléments de fragilisation.

Tout ce qui perturbe l'enfant dans son développement psychoaffectif peut entrer en ligne de compte : les éléments de peur, de manque de confiance qui interfèrent dans le sentiment d'insécurité et le déficit d'identité. C'est la défaillance de la structuration de la personnalité, le manque de masculinité et/ou de féminité qui rendent plus difficile la conquête de l'altérité [27], la peur de l'intimité avec le sexe opposé.

La plupart de ces facteurs n'ont, en fait, rien de très spécifique et n'interviennent qu'à cause de cette fragilisation de la personne. Ils peuvent être **personnels et environnementaux**.

Certains d'entre eux se situent **lors de la grossesse, de la naissance et de la périnatalité**. Le premier est bien évidemment la *grossesse non désirée avec le rejet de l'enfant* quel que soit son sexe, mais on évoque surtout le second facteur qui est la *déception parentale*, l'enfant qui vient au monde ne correspondant pas au sexe souhaité, facteur moins fréquent aujourd'hui depuis le développement de l'échographie.

La **non-acceptation du sexe de l'enfant** n'est pas toujours temporaire et peut s'étendre sur une durée suffisante pour que l'enfant en pâtisse. Parfois, la marque en est le prénom bisexuel, comme Dominique, Claude… qui, heureusement, ne pose aucun problème pour la très grande majorité des personnes qui le portent ; mais cela peut aller jusqu'à habiller l'enfant avec des vêtements de l'autre sexe. L'enfant imaginaire dans le roman familial reste un élément très actif dans la tête de chacun des parents potentiels !

Un autre élément est la possibilité que le **stress maternel** puisse augmenter la fréquence de l'homosexualité chez les

---

27. Comme en témoigne le passage à l'homosexualité après plusieurs échecs amoureux.

garçons. Cela paraît plutôt relever de l'anecdote et aucune donnée scientifique n'étaye cette hypothèse. Les auteurs se plaisent à citer la maman de Marcel Proust soumise à un stress intense pendant la Commune de Paris en 1871, alors qu'elle était enceinte de cinq mois du petit Marcel. Ou encore Marie Stuart (reine d'Écosse), mère du roi d'Angleterre Jacques Ier (James), homosexuel, qui assista pendant sa grossesse à l'assassinat de son secrétaire, qui était aussi son ami intime (Riccio). Dans ces cas l'investissement affectif particulièrement fort de la mère sur l'enfant est bien plus probablement le facteur prédisposant plus encore que le stress !

Au cours de la petite enfance, d'autres facteurs ont pu être retrouvés. La mort d'un des parents, très jeune, est fréquemment retrouvée. Ainsi, Saghir et Robins cités par Élisabeth Moberly [28] donnent 35 % d'homosexuels et 46 % d'homosexuelles qui ont perdu un parent avant l'âge de quinze ans, contre seulement 7 % des femmes et 12 % des hommes hétérosexuels, mais cette enquête est déjà ancienne.

Les carences affectives des deux parents ou de la mère. Il est évident que ce facteur de manque d'amour ne peut que provoquer le manque de confiance, la peur, l'insécurité, la honte. Trop peu d'amour entraîne une difficulté à s'aimer, à s'accepter soi-même et à aller à la rencontre de l'autre.

Un milieu éducatif exclusivement féminin ne favorise pas l'identification à l'autre sexe et quitter le gynécée peut s'avérer un exercice impossible.

L'absence de séparation d'avec la mère. Si la mère n'encourage pas ce mouvement de séparation ou ne le met pas en place en rendant le père présent, dans le réel et aussi symboliquement en le faisant vivre même quand il est physiquement absent, l'enfant reste dans le giron maternel. La mère d'un patient, qui lui manifestait un attachement sans

---

28. Élisabeth Moberly, *Homosexuality, a new Christian age*, Cambridge England, J. Clarke, 1983.

limite, lui avait répété à l'envi : « Tu m'as comblée quand je t'ai eu. » Le risque est que l'enfant abdique et renonce à cette séparation, dans un reniement de lui-même et de sa propre identité masculine ou féminine. La vie est dans la triangulation – le passage de la mère vers le père – et non dans la relation duelle. Dieu est Trinité, la relation divine est trinitaire.

On peut rencontrer **la nostalgie du paradis symbiotique de l'enfant et de sa mère** [29], aujourd'hui perdu, avec la possibilité d'un mouvement de régression pour tenter de le recréer et rechercher ce qui a manqué dans les relations avec les parents. La présence de l'autre peut constituer alors un véritable besoin davantage encore qu'un désir : être protégé, porté, entouré *au risque d'une véritable fusion*. Mais cette impossible séparation peut à l'inverse se retrouver dans une violence larvée ou ouvertement exprimée avec toute l'agressivité qui émerge vis-à-vis des symboles maternels·

Nombre d'homosexuels ont subi des violences sexuelles dans l'enfance. Les conséquences d'abus sexuels avant quinze ans ont des conséquences certaines car ils se situent à l'âge où se bâtit l'identité intérieure. C'est l'image d'eux-mêmes qui a souffert avec le risque de conduites d'échec, de conduites à risque et d'instabilité affective.

Un certain nombre de femmes arrive à l'homosexualité après avoir été abusées sexuellement dans leur enfance ou leur adolescence par un homme, dans une relation souvent incestueuse (père ou frère, oncle, grand-père), ce qu'elles n'ont pas pu révéler et mettre en mots. L'agression sexuelle entraîne non seulement un possible rejet du masculin, mais, de toute façon, modifie le développement harmonieux et épanoui de leur sexualité à cause de ces massacres de l'enfance et de l'adolescence, en dehors même de toute homosexualité. Toute expérience homosexuelle vécue dans l'enfance, notamment

29. Hypothèse de Robert Stoller, émise initialement pour les personnes transsexuelles.

lorsqu'il s'agit de la première expérience, ou lorsqu'elle est vécue avec un adulte, peut faciliter une orientation vers l'homosexualité.

Lors de l'adolescence, la fragilité déjà signalée et les complexes de l'enfance se réactivent avec l'angoisse de la relation, la peur de l'inconnu, de la nouveauté, de la découverte de l'autre sexe. *Les comportements homophiles sont d'une grande banalité et ne témoignent en rien d'une orientation sexuelle définitive de cet ordre.*

Il y a aujourd'hui une confusion nette entre identité et orientation sexuelle. Sous la pression des lobbies homosexuels et des médias, certains adolescents sont poussés puis inscrits dans l'orientation homosexuelle alors que ce moment n'est le plus souvent qu'une étape avant de rencontrer vraiment l'autre sexe. Car il faut avoir une certaine maturité personnelle pour aller vers l'autre sexe et entrer dans une relation amoureuse, une relation de couple. L'identité sexuelle adulte se fait progressivement, elle n'est pas donnée d'emblée. Il est à noter que les filles évoluent plus rapidement sur le terrain des relations amoureuses que les garçons.

Au début de l'adolescence, les garçons préfèrent être avec des amis du même sexe et éviter les relations avec l'autre sexe. À ce stade, ils sont à la recherche de leur identité masculine et l'interaction avec l'autre sexe pourrait perturber ce processus, alors même que la maturité psychosexuelle n'est pas atteinte. Entre copains, l'amitié, la proximité, l'échange sont autant d'attachements permettant cette base de sécurité. Il en est de même pour la fille, bien qu'elle soit nettement plus précoce dans son développement que le garçon. *Ce lien n'est pas sexuel, il est affectif, émotionnel. Ce sont des phénomènes d'identification sur lesquels se construit l'identité.* C'est dire l'importance des ratés de ce moment : expérience sexuelle mal vécue ou trop précoce, viol, pornographie. L'âge actuel pour visionner la première cassette pornographique se situe vers huit ou neuf ans ; avec ces cassettes, les jeunes n'ont parfois de la sexualité que cette approche de violence, d'abus et de possession d'autrui comme pur objet de consommation et de plaisir personnel.

Facteurs environnementaux

L'encouragement actuel, culturel et social, ouvertement prôné, à l'orientation homosexuelle (qui excite la curiosité et encourage à l'exploration), peut avoir un effet incitateur.

Les facteurs environnementaux familiaux nous conduisent à évoquer l'évolution de la famille ces dernières années : la diminution des mariages, les familles décomposées avant d'être recomposées, les familles monoparentales, les enfants nés hors mariage qui, depuis 2009, sont en nombre plus important que ceux issus d'un couple marié.

– L'enfant peut être confronté au *flou des repères familiaux* où les adultes affichent une identité mal différenciée dans leur vie affective et émotionnelle, à l'éclatement de la famille et, par ailleurs, à l'effondrement de la fonction paternelle, à l'abdication des pères et à la contestation des représentants de l'autorité, tout cela aggravant les difficultés d'identification pour l'enfant. La nécessité de pouvoir s'appuyer sur le parent du même sexe risque d'être mise à mal dans les familles actuelles, fragilisées ou monoparentales, et « la société n'est plus éducatrice, faute de la présence d'un tiers représenté par le père [30] ».

– Les enfants peuvent également être impliqués dans la *problématique parentale*, pris à témoin dans une confusion des générations par des attitudes parentales souvent floues et ambiguës.

– Ils peuvent aussi connaître la *violence conjugale, psychologique ou même physique*, ce qui ne donne guère une image sécurisante et heureuse du couple.

---

30. Mgr Tony Anatrella, *op. cit.*, p. 11.

Les facteurs environnementaux de la société, les profondes mutations qui gomment la différence, comme si nous allions vers un triomphe de l'indifférencié et de la pensée unique sont à considérer. Les jeunes sont d'éternels adolescents, qui n'arrivent pas à quitter leurs parents ou qui reviennent en cas d'échec de la tentative de départ et de vie en union dite libre, confrontés à de graves problèmes économiques. De leur côté, beaucoup d'adultes ne le sont plus guère et fuient leurs responsabilités, quel que soit le domaine considéré.

Le discours social privilégie actuellement **les pulsions partielles**, celles de la sexualité infantile: voyeurisme et exhibitionnisme, valorisation de certains morceaux du corps (le postérieur, le buste féminin sont très souvent à l'affiche ou sur les couvertures des magazines). L'intime, le domaine privé n'existent plus. Il faut tout voir, tout consommer et tout de suite, jouir pour soi, pour sa propre satisfaction *sans que la relation à l'autre existe*.

L'ambiance sociale actuelle explique que le passage à l'acte de pulsions homosexuelles se fasse plus facilement. Il n'est pas rare de voir des pères de famille, la quarantaine passée, quitter celle-ci pour aller vivre avec un compagnon, une fois l'éducation des enfants assurée, ce qui n'est pas, au demeurant, toujours le cas. Il est certain que la pression sociale n'est pas, à elle seule, un facteur suffisant pour expliquer ces renversements. Chacun réagit à sa façon et traite les informations reçues en fonction de l'organisation de sa personnalité.

c. L'accompagnement

Comme tout sujet qui entreprend une démarche, une personne homosexuelle qui vient demander de l'aide est en souffrance. Parfois, certains choisissent d'afficher ouvertement, voire de façon provocatrice, leur homosexualité, mais le plus souvent, exprimer cette orientation sexuelle (« le coming-out ») est loin d'être facile, à la fois vis-à-vis de soi, de sa famille, de son milieu de vie.

L'accompagnement psychologique.

Il comportera plusieurs points :

– Le premier point à aborder est **la souffrance de la personne**. L'homosexualité est-elle le problème primordial de la personne qui demande de l'aide ou bien est-ce le mal-être, la solitude, l'angoisse, la dépression ou d'autres difficultés qui occupent le devant de la scène ? C'est une personne dans sa globalité que l'on aborde et il est impératif de prendre du recul pour ne pas limiter l'accompagnement à la problématique homosexuelle.

Ce temps d'évaluation permettra de préciser **la motivation personnelle**, indispensable parce que rien ne peut se faire sans elle, motivation qui doit être forte, s'appuyant sur **la confiance**.

– La question de la pérennité de l'orientation homosexuelle est un point que la personne aborde souvent très rapidement : **l'orientation homosexuelle est-elle immuable ?**

Qui dit blessure dit possibilité d'évolution. Il n'y a aucun déterminisme génétique, nous l'avons dit. Il est possible de passer de l'homosexualité à l'hétérosexualité. Les relations hétérosexuelles ne peuvent combler les déficits affectifs, émotionnels et relationnels avec le parent du même sexe pendant l'enfance [31] et le point majeur revient à bien préciser, pour chaque personne, à quoi la renvoie l'attirance homosexuelle. Est-elle affirmée ? De quelle nature est-elle ? Est-ce seulement une attirance ou y a-t-il eu des passages à l'acte ?

---

31. Ainsi a-t-on pu penser autrefois que le mariage pourrait être une « solution » à l'homosexualité. Il est évident que ce raisonnement est entaché d'une erreur : la relation avec le sexe opposé ne peut pas répondre aux déficits relationnels vécus antérieurement envers le même sexe.

À quel moment de la vie se situe-t-elle? Ces questions se posent de façon cruciale lors des relations de l'adolescence, au moment où la structuration de la personnalité est en cours, que l'identité n'est pas affirmée de façon définitive et que le mouvement vers l'autre sexe n'est pas toujours facile, quand il ne constitue pas une source d'angoisse. Certains d'entre eux s'enferment dans une fausse identité, réduite à l'orientation sexuelle, après une expérience initiatique qu'ils ne peuvent remettre en question, ou encore des relations sexuelles trop précoces et mal vécues pouvant être à l'origine d'une orientation homosexuelle, peut-être surtout chez les femmes.

L'émergence de l'homosexualité peut être plus tardive, avec certains passages à l'acte, à l'occasion de rencontres, liés aux circonstances, ou lors de moments de fragilisation, à la suite d'un divorce, d'une déception amoureuse, d'un chagrin d'amour.

Se pose ici la question de l'incitation à intégrer les milieux homosexuels, à se déclarer « homo », voire à vivre en couple, alors même que ce travail de structuration psychologique n'est pas terminé. Le risque est de se revêtir d'une identité qui ne correspond pas à la réalité profonde. Il n'est pas rare de rencontrer des personnes qui, après une période d'orientation homosexuelle et un chemin de réflexion, vivront une relation hétérosexuelle épanouissante. L'homosexualité peut être un moment à traverser, une étape.

La possibilité de changer veut dire explicitement ne pas camper dans la position qu'il n'y a rien à faire puisque « Dieu m'a fait comme cela, à lui de se débrouiller ». Ce raisonnement est très fréquent dans le milieu homosexuel, tout au moins chez celui qui ne veut rien changer. **Il est faux de dire qu'il n'existe aucune possibilité de changement et d'évolution, mais encore faut-il trouver une motivation forte, une évaluation précise de ce qu'a vécu la personne et de ce qu'elle vit aujourd'hui.**

La psychothérapie

Le travail psychothérapique lui-même aura à aborder différents événements de la vie au long de l'histoire du sujet en particulier :

1. Amener à **une prise de conscience de ce qu'a été la vie avec ses blessures** : pouvoir dire sa souffrance, ses manques, ses révoltes, ses colères, ses ressentiments. Ce travail sur soi, sur son fonctionnement psychique, est important et loin d'être toujours facile. Car il représente une confrontation directe avec son être profond et conduit à une relecture de son histoire, de celle de sa famille et de son fonctionnement. Les blessures surgissent alors, étouffantes et étouffées. Cependant, cette relecture constitue un chemin de liberté : reconnaître et accepter le mal subi est une étape de libération.

J'ai le souvenir d'une personne homosexuelle qui se rappelait l'attitude systématiquement hostile de sa mère vis-à-vis des hommes et tout d'abord de son mari, constamment dévalorisé ou méprisé. Pour son fils, l'identification au père était devenue radicalement impossible.

2. Analyser **le lien possible entre les traumatismes affectifs et la constitution de l'homophilie**, en évitant le raisonnement d'un lien de causalité directe, ce qui évacuerait les réactions personnelles au traumatisme, à la souffrance et les compromissions : « Blessé de la vie, certes, mais partie prenante de ce que j'ai vécu et de la manière dont je l'ai abordé psychologiquement, inconsciemment ou pas. »

3. Par rapport à l'homosexualité elle-même :

Il est certain qu'il faut d'abord évaluer le désir de changement de la personne. Et il existe puisque cette personne est venue consulter. Ceci réalisé, plusieurs points sont abordés :

– D'abord **l'acceptation de la réalité des attraits homosexuels** pour les assumer, les regarder en face, en vue d'aider ces personnes à sortir de la dévalorisation, de la culpabilité, voire de la honte par rapport à elles-mêmes et au regard social.

– **Recherchercher, pour les différencier, les connivences et les compulsions**. La **connivence**, comme son nom l'indique, est une attitude par laquelle, de façon délibérée, la personne va se mettre en danger de rechute en s'exposant volontairement à des situations critiques : visionner des cassettes, visiter sur Internet des sites que l'on sait homophiles, se rendre dans les lieux de drague… La **compulsion**, initialement, met en jeu un mécanisme qui échappe au cerveau conscient. C'est une idée ou un acte qui s'impose de façon impérative et qu'il est hors de question de remettre à plus tard, au risque d'une angoisse parfois majeure. On est au niveau du cerveau émotionnel. C'est ce mécanisme qu'il faut démonter dans le travail psychothérapique, abordé par exemple sous un angle comportemental par la prise de conscience des émotions, des pensées et des modes de réaction. Car si la responsabilité est d'emblée pleinement engagée dans la connivence, il n'en est pas de même dans la compulsion qui échappe, tout au moins dans sa survenue, au vouloir. Il faut donc déculpabiliser, sauf si l'absence de lutte conduisait à en faire une excuse : « Ce n'est pas de ma faute, c'est une compulsion. »

– **La rupture progressive d'avec le milieu homosexuel peut être conseillée.** Mais le risque de solitude est grand et, par ailleurs, ce sont surtout les passages à l'acte homosexuels qu'il faut cesser. Les relations homosexuelles enferment la personne et mettent en place un mode de vie souvent refermé sur lui-même. Prendre de la distance, c'est alors ouvrir ce qui était clos, s'ouvrir à la vie, au présent, pour s'inscrire dans une autre dynamique.

La priorité est d'abord et précisément la souffrance pour qu'elle soit chemin d'ouverture à soi, au monde et à Dieu. *Car l'amour est relation et c'est la qualité relationnelle qu'il faut enrichir*, relations souples et orientées vers le bien d'autrui, et non pas refermées sur l'intérêt personnel et individualiste. Le besoin d'amour est inhérent à tout homme :

« Aimer quelqu'un, nous dit Jean Vanier, c'est lui révéler sa beauté, sa valeur, son importance ; c'est se réjouir de sa présence, c'est passer du temps en sa compagnie et communiquer avec lui. Aimer, c'est être en communion avec l'autre, lui donner de soi-même et recevoir de lui [32] ».

L'accueil des parents découvrant l'homosexualité de leur enfant est un moment délicat

Cette découverte est toujours une épreuve pour eux et, bien souvent, ils hésitent à demander de l'aide. Disponibilité et qualité de l'accueil sont nécessaires car ils vivent peut-être un bouleversement complet. Au cours des entretiens, plusieurs points sont à prendre en considération :

– Ne pas banaliser, comme si de rien n'était, l'air dégagé, mais aussi ne pas dramatiser pour ne pas ajouter une angoisse supplémentaire.

– Ne pas d'emblée se montrer inquisiteur : comment était-il enfant ? Comment fonctionnait votre couple ? Le risque est que les parents se ferment et se sentent mis en accusation, coupables de fautes éducatives qu'ils ont pu commettre, mais dont ils n'ont aucune conscience.

– La question de la normalité de leur enfant se posera inéluctablement. Il faut essayer de sortir de cette question trop réductrice et bien différencier ce qui relève de son homosexualité et ce qui concerne son insertion sociale, professionnelle, son équilibre global.

– Leur conseiller de ne pas rompre avec leur enfant car il reste leur enfant.

– Leur conseiller d'exposer clairement leurs propres convictions : accueillir son enfant ne veut pas dire, par exemple, cautionner ses actes.

---

32. Jean Vanier, *La Dépression*, éd. Le Livre ouvert, 1990.

d. Ce que dit la Bible de l'homosexualité

La question est abordée à la fois dans l'Ancien et le Nouveau Testament.

Dans l'Ancien Testament, il faut d'abord se référer au livre du Lévitique. Au chapitre 18 verset 22, il est écrit : *« Tu ne coucheras point avec un homme, comme on couche avec une femme : c'est une abomination. »* On peut remarquer au passage que seule l'homosexualité masculine est envisagée. Et plus loin, dans le chapitre 20, 13 : *« Et si un homme couche avec un homme, comme on couche avec une femme, ils ont fait tous deux une chose abominable ; ils seront certainement mis à mort : leur sang est sur eux. »*

Il faut réintégrer ces phrases dans le contexte plus général des prescriptions destinées à éviter qu'Israël ne se comporte comme les peuples voisins, l'Égypte dont il est sorti et le pays de Canaan où il va entrer. Les versets du chapitre 18 concernent le respect de l'union conjugale et les interdits formulés portent sur l'inceste, la consanguinité, la bestialité (la zoophilie), l'adultère et l'offrande d'un enfant au Molek, ancienne divinité païenne à qui l'on offre le premier-né, mais aussi des sacrifices d'animaux : *« Toutes ces abominations, les hommes qui habitaient le pays avant vous les ont pratiquées et le pays est devenu impur »* (Lv 18, 27) ; *« Gardez mes observances sans pratiquer ces lois abominables, qui se pratiquaient avant vous, et ne vous rendez pas impurs par de telles actions »* (Lv 18, 30). La sainteté du peuple doit manifester la sainteté de son Dieu : *« Soyez saints car je suis saint, moi, le Seigneur votre Dieu. »* (Lv 19, 2)

Le chapitre 20 aborde les sanctions en cas de violations de ces instructions divines et la mort attend ceux qui ont formulé des insultes envers leurs parents ; sept autres cas sont envisagés au chapitre 18 dont l'inceste, l'adultère, l'homosexualité, la zoophilie.

Un autre texte à citer est tiré du livre du **Deutéronome** qui porte sur la prostitution sacrée et l'interdit de la prostitution sacrée féminine et masculine : *« Il n'y aura pas de courtisane sacrée parmi les filles d'Israël ; il n'y aura pas de prostitué sacré parmi les fils d'Israël. »* (Dt 23, 18)

Il faut évidemment évoquer ici **la destruction de Sodome** (Genèse 19, 1-11), d'où est tirée l'expression de « sodomites » longtemps utilisée pour désigner les hommes homosexuels. Dans ce texte, il y a tout à la fois non-accueil de l'autre, de l'étranger, et destruction morale de celui-ci. Les habitants de Sodome redoutaient l'étranger considéré comme un espion, ne l'accueillaient pas (d'où l'insistance de Loth pour que les deux anges, envoyés de Dieu, entrent chez lui et ne restent pas dans la rue où le même sort leur sera réservé, la sodomie étant l'anéantissement moral de la personne, un homme pénétré ne pouvant avoir de rôle social). Il semble, d'après ce texte, que ce sont le viol homosexuel et le rejet de l'autre (refus de l'étranger, de ce qu'il est, de ses besoins) qui sont condamnés. *On trouve à la fois un non-accueil et un avilissement moral, la destruction et l'anéantissement de l'autre.*

La lecture de ces passages de l'Ancien Testament au sujet de Sodome suscite des réflexions, en particulier sur le rapport à la création : « Il semble que l'homosexualité fait partie de tous ces actes qui ne respectent pas les vraies différences et qui risquent de semer la confusion dans une création que Dieu a pourtant ordonnée et hiérarchisée. Ainsi Lv 19, 19 demande de ne pas accoupler deux espèces différentes de bétail, de ne pas semer dans un même champ deux semences différentes, de ne pas porter de vêtement en étoffe hybride. De même, Lv 18 demande, semble-t-il, que l'on ne sème pas la confusion par des relations sexuelles avec quelqu'un de la parenté car les parents sont de la même chair. Si toutes les unions sont permises, les différences n'apparaissent plus, différences entre parents et enfants (inceste), différences entre l'homme et la femme (homosexualité), différence entre l'animal et l'homme (bestialité). *C'est en ce sens que l'homosexualité apparaît comme une "abomination". Elle est anti-créationnelle dans sa structure, puisqu'elle estomperait les séparations que Dieu a mises dans le chaos originel* [Gn 1] [33]. »

Certains courants interprètent **l'amitié de David et Jonathan** dans une dynamique homosexuelle. En fait, cette amitié apparaît à la fois comme une réaction contre l'extrême violence exercée par Saül, le père de Jonathan, à l'égard de David, mais aussi comme l'expression de la profondeur du lien unissant les deux amis dans la lutte contre les Philistins. Le verset : *« Que de peine j'ai pour toi, Jonathan, mon frère, je t'aimais tant ! Ton amitié était pour moi une merveille plus belle que l'amour des femmes »* (2 Samuel 1, 26), a été lu par certains comme relevant de l'homosexualité [34].

Dans **le Nouveau Testament**, on ne trouve aucune allusion à l'homosexualité dans les quatre évangiles. Saint Paul aborde le sujet dans trois lettres : la lettre aux Romains (Rm 1, 18-32), la première lettre aux Corinthiens (1 Co 6, 9-11) et la première lettre à Timothée (1 Tm 1, 10).

Dans **la lettre aux Romains** (1, 18-32), Paul aborde dans ces versets tous les comportements à l'origine de la colère de Dieu : l'idolâtrie, les actions impures, les passions avilissantes, l'injustice, l'envie, la jalousie, l'insulte, les fausses accusations et autres qualificatifs nombreux. *Paul souligne le lien qui existe entre le refus de Dieu et les désordres moraux, dont le rejet de la sexualité différenciée de l'homme et de la femme.*

Les versets concernant l'homosexualité, et qu'il faut donc lire dans ce contexte, sont les versets 24 à 27 :

> *« Aussi Dieu les a-t-il livrés selon les convoitises de leur cœur à une impureté où ils avilissent eux-mêmes leurs propres corps ; eux qui ont échangé la vérité de Dieu contre le mensonge, adoré et servi la créature de préférence au Créateur, qui est béni éternellement ! Amen. Aussi Dieu les a-t-il livrés à des*

---

33. Xavier Thévenot, *Homosexualités masculines et morale chrétienne*, Paris, Cerf, 1985.

34. D'où le nom de l'association « David et Jonathan ».

> *passions avilissantes : car leurs femmes ont échangé leurs rapports naturels pour des rapports contre nature ; pareillement les hommes, délaissant l'usage naturel de la femme, ont brûlé de désir les uns pour les autres, perpétrant l'infamie d'homme à homme et recevant en leurs personnes l'inévitable salaire de leur égarement. »*

On peut noter qu'*il s'agit du seul passage de toute la Bible où est évoquée l'homosexualité féminine.* « Adoré et servi la créature de préférence au Créateur » : n'est-ce pas là une parole qui renvoie à l'idolâtrie et doit nous interroger profondément aujourd'hui ? Ne sommes-nous pas dans cette situation d'une inversion idolâtrique qui veut se passer du Créateur en faisant de la créature un dieu ?

Dans **la première lettre aux Corinthiens** (1 Co 6, 9-11), Paul vient de traiter le sujet de l'inceste au chapitre 5, puis évoque l'appel aux tribunaux païens au chapitre 6 :

> *« Ne savez-vous pas que les injustes n'hériteront pas du royaume de Dieu ? Ne vous y trompez pas : les débauchés, les idolâtres, les adultères, les dépravés, les pédérastes* [35]*, les voleurs et les profiteurs, les ivrognes, les diffamateurs et les escrocs ne recevront pas le royaume de Dieu en héritage. Et cela vous l'étiez, quelques-uns de vous. Mais vous vous êtes lavés, mais vous avez été sanctifiés, mais vous avez été justifiés par le nom du Seigneur Jésus Christ, et par l'Esprit de notre Dieu. »*

Dans **la première lettre à Timothée** (1 Tm 1, 8-11), l'homosexualité est évoquée une fois encore au sein d'une longue liste :

---

35. Traduction officielle pour la liturgie. Les variations des textes portent sur trois mots. Le premier (*pornos*) traduit par « débauchés » peut se traduire par « qui se prostitue ». Le second (*Malakoi*) traduit par « dépravé » devient « efféminé » dans la TOB ou la bible Segond. D'après le dictionnaire Bailly, le mot grec indique une mollesse, un manque d'énergie, de vigueur et signifie aussi : « mou », « efféminé ». Le dernier terme traduit par « pédérastes » (*arsenokoitai*) signifie littéralement des hommes (des mâles) aux mœurs contre nature.

« Certes, nous le savons, la Loi est bonne, si on en fait un usage légitime en sachant bien qu'elle n'a pas été instituée pour le juste, mais pour les insoumis et les rebelles, les impies et les pécheurs, les sacrilèges et les profanateurs, les parricides et les matricides, les assassins les impudiques, les homosexuels [36]*, les trafiquants d'hommes, les menteurs, les parjures, et pour tout ce qui est contraire à la saine doctrine, celle qui est conforme à l'Évangile de la gloire de Dieu bienheureux, qui m'a été confié. »*

En résumé, *l'homosexualité, abordée par l'Ancien comme par le Nouveau Testament, n'est jamais prise isolément, mais toujours dans un contexte de comportements, de déviations par rapport à la vocation de l'homme, comportements qui coupent l'homme de la relation à Dieu et induisent une rupture.* L'homosexualité est située dans ce contexte plus général d'impiété, contraire au plan de Dieu et à la création [37]. Des chrétiens homosexuels qui avancent, souvent à juste titre, qu'ils n'ont pas choisi cette orientation sexuelle peuvent alors questionner l'Église : « Nous cherchons Dieu, nous cheminons, qu'avez-vous à nous dire et à nous proposer ? » Nous avons là quelques éléments de réponse.

e. L'Église et l'homosexualité

Il est bien évident qu'on ne peut plus aborder la question de l'homosexualité comme un vice, mais comme une inclinaison

---

36. On retrouve ici également le terme *arsenokoitai* traduit habituellement par « infâmes » ou encore par « pédérastes », « mœurs contre nature ».

37. Saint Augustin a abordé l'homosexualité dans le chapitre 8 des *Confessions*, paragraphe 15, où il parle des « crimes contre nature, tels que ceux de Sodome, (qui) appellent partout et toujours l'horreur et le châtiment. Que si tous les peuples imitaient Sodome, ils seraient tenus de la même culpabilité devant la loi divine, qui n'a pas fait les hommes pour user ainsi d'eux-mêmes. Car c'est violer l'alliance qui doit être entre nous et Dieu, que de profaner par de vils appétits de débauche la nature dont il est l'auteur ».

psychologique qui renvoie à des entités différentes. Le regard porté par l'Église sur les personnes homosexuelles a changé avec le temps, notamment en raison des récents apports des sciences humaines et de la réflexion de théologiens moralistes, en particulier depuis la thèse de Xavier Thévenot sur « Homosexualités masculines et morale chrétienne » publiée en 1985 [38].

Que nous dit le Catéchisme de l'Église catholique ?

L'homosexualité est abordée dans la troisième partie du *Catéchisme* : « La vie dans le Christ » et précisément dans la deuxième section intitulée les dix commandements : « Homme et femme, il les créa… » concernant le sixième commandement : articles 2357 à 2359. La Tradition de l'Église a entendu le sixième commandement comme englobant l'ensemble de la sexualité humaine. Ces trois articles abordent le sujet sous le titre : *Chasteté et homosexualité.*

> CEC § 2357 : L'homosexualité désigne les relations entre des hommes ou des femmes qui éprouvent une attirance sexuelle, exclusive ou prédominante, envers des personnes du même sexe. Elle revêt des formes très variables à travers les siècles et les cultures. *Sa genèse psychique reste largement inexpliquée.* S'appuyant sur la Sainte Écriture, qui les présente comme des dépravations graves (cf. Gn 19, 1-29 ; Rm 1, 24-27 ; 1 Co 6, 9-10 ; 1 Tm 1, 10), la Tradition a toujours déclaré que « les *actes* d'homosexualité sont *intrinsèquement désordonnés* » (CDF, décl. « Persona humana » 8). Ils sont contraires à la *loi naturelle. Ils ferment l'acte sexuel au don de la vie. Ils ne procèdent pas d'une complémentarité affective et sexuelle véritable.* Ils ne sauraient recevoir d'approbation en aucun cas.

> CEC § 2358 : Un nombre non négligeable d'hommes et de femmes présente des tendances homosexuelles foncières. *Ils ne choisissent pas leur condition homosexuelle* ; elle constitue pour la plupart d'entre eux une épreuve. Ils doivent être *accueillis*

---

38. Xavier Thévenot, *Homosexualités masculines et morale chrétienne*, Paris, Cerf, 1985.

> *avec respect, compassion*[39] *et délicatesse*. On évitera à leur égard toute marque de discrimination injuste. Ces personnes sont appelées à réaliser la volonté de Dieu dans leur vie, et si elles sont chrétiennes, à unir au sacrifice de la Croix du Seigneur les difficultés qu'elles peuvent rencontrer du fait de leur condition.

> CEC § 2359 : *Les personnes homosexuelles sont appelées à la chasteté*. Par les vertus de maîtrise, éducatrices de la liberté intérieure, quelquefois par le soutien d'une amitié désintéressée, par la prière et la grâce sacramentelle, elles peuvent et doivent se rapprocher, graduellement et résolument, de la perfection chrétienne.

Nous avons nous-mêmes indiqué en italique certains mots qui montrent bien que l'Église accueille les personnes homosexuelles, mais ne peut approuver les pratiques homosexuelles : elles sont contraires à la loi naturelle (respect de la différence des sexes, inscription dans la fécondité par le lien entre l'union sexuelle et la procréation, respect de la différence entre les êtres évitant la confusion) et les actes sont « intrinsèquement désordonnés », c'est-à-dire « en eux-mêmes, indépendamment des circonstances et des intentions ».

Le mot « désordonné » est difficile à entendre. C'est un terme appartenant au vocabulaire de la théologie et de la philosophie morale traditionnelle dans le catholicisme, employé pour décrire *une inclination qui s'écarte de ce qui est regardé comme la norme, l'ordre de la création*, c'est-à-dire

---

39. Sans que l'on sache pourquoi, il y a un vrai malentendu quant au mot « compassion » aujourd'hui, qui porte une connotation doloriste. On peut simplement rappeler ici cette définition de Jean Vanier : « La compassion, c'est regarder l'autre et l'aider à se relever, lui dire : "Tu es beau." La compassion, c'est lui révéler qu'il a de la valeur et que Dieu habite en lui. C'est l'aider à aller au bout de ce qu'il a à vivre », in *Glorifiez Dieu dans votre corps*, Parole et Silence, Paris, 2010 p. 63-64.

l'inclination vers une relation sexuelle avec une personne du sexe opposé et non entre personnes du même sexe.

En effet, l'Église n'en est pas moins très consciente du problème de l'origine de l'homosexualité et des inconnues actuelles, du non-choix conscient de l'orientation (cela ouvre à la question de la dimension peccamineuse, pour laquelle il faut que l'acte soit libre et volontaire, question liée à la fermeture à la vie de Dieu, à la rupture de la relation) et de la nécessité de l'accueil respectueux de ces personnes. Chacun de nous a connu des personnes homosexuelles qui avaient une relation profonde et authentique avec le Seigneur.

L'accueil en Église d'une personne homosexuelle doit se faire dans la charité et l'amour : accueillir avec respect, compassion et délicatesse ces personnes. Ne jugeons pas, ne condamnons pas, n'excluons pas et n'abordons pas les personnes sous le seul angle de leur homosexualité. *Le plus important est que nul ne se sente rejeté par l'Église et l'institution ecclésiale.* Nous sommes sur une ligne de crête délicate. Chacun est enfant de Dieu et nul ne peut préjuger du salut de l'autre. Amour et accueil inconditionnel, nous dit le Christ qui ajoute à l'intention de la femme adultère : *« Moi non plus je ne te condamne pas, va et ne pèche plus. »* (Jn 8, 11) Ne pas figer, car l'homme est toujours en devenir.

Le deuxième point est d'aider la personne à réaliser la volonté de Dieu dans sa vie. Il est certain que le fondement de l'anthropologie chrétienne repose sur la phrase : *« À l'image de Dieu il le créa, homme et femme il les créa. »* (Gn 1, 27)

L'accompagnement de personnes ayant des tendances homosexuelles et celles qui connaissent les passages à l'acte sont deux domaines différents. Ce n'est pas parce que nous accueillons la personne que nous devons accepter ses actes, considérés comme « intrinsèquement désordonnés ». *Il faut bien différencier orientation homosexuelle, attraits homosexuels et actes ou relations homosexuels.*

Le magistère demande **la continence aux personnes homosexuelles**. Ne mener aucun combat est une démission. Encore faut-il se situer à un juste niveau en fonction de « **la loi de la gradualité** », c'est-à-dire inviter la personne à cheminer progressivement vers la fidélité au champ normatif. Se pose ici l'articulation entre la liberté, la volonté et la vie spirituelle.

Plutôt que d'enfermer la personne dans un ghetto relationnel exclusivement homosexuel, on peut l'inviter à élargir le tissu relationnel pour que l'amour ne soit pas refermé sur soi. L'amour est-il attention à l'autre, oubli de soi, ouverture aux autres, création de liens, engagement dans des associations ? Quels sont les fruits ?

Chacun peut recevoir **une bénédiction non sacramentelle**, mais chaque action de l'homme ne peut être approuvée par Dieu. Des personnes homosexuelles peuvent être bénies à titre individuel, mais non la contraction d'une union homosexuelle. Une personne, décidée à s'engager derrière le Christ et à renoncer à ce qui fait obstacle sur son chemin, peut être baptisée si elle vit un célibat dans la chasteté et peut recevoir l'Eucharistie.

L'accès au séminaire est interdit, mais le problème qui consiste à assumer son orientation sexuelle et la chasteté dans la frustration se pose tout autant pour les hétérosexuels.

f. Les enjeux actuels en France et dans le monde

Dans le traité d'Amsterdam signé le 2 octobre 1997, l'Europe s'est engagée à « combattre les discriminations au titre de l'orientation sexuelle » (article 3), de même que celles liées au sexe, à la race, à l'origine ethnique, à la religion, à un handicap et à l'âge.

L'utilisation du mot discrimination n'est pas juste et introduit une fois encore la confusion et l'amalgame. *La discrimination consiste à ne pas traiter également ce qui est semblable. Or le couple homosexuel n'est pas semblable au couple hétérosexuel.* Il y a une distinction irréductible. L'ordre symbolique s'inscrit dans l'univers de la différenciation.

Affirmer que toutes les pratiques sexuelles se valent, en revendiquant notamment pour les couples homosexuels le même statut social que celui des couples hétérosexuels, n'est-ce pas précisément proposer à notre société de s'installer dans la confusion ?

De plus, n'est-il pas curieux *de militer pour le droit à la différence et par ailleurs de contester à la société le droit de respecter ce qui est le fondement même du mariage, à savoir la différence sexuelle* ?

Le mariage n'est pas la reconnaissance sociale de l'amour, il est la fondation d'une famille, dans la différence des sexes et la succession des générations (on sait que le refus d'enfant est une clause de nullité du mariage) ; derrière la demande de légiférer sur le mariage homosexuel, il y a bien évidemment l'ouverture à l'homoparentalité, l'adoption, l'accès aux techniques de PMA (procréation médicalement assistée) [40].

Un des enjeux est effectivement d'ouvrir la possibilité et la généralisation du mariage entre personnes du même sexe, de garantir la reconnaissance juridique des couples de même sexe et la protection de ces familles, de donner les mêmes droits aux familles LGBT. C'est dans ce sens qu'ont évolué les juridictions de plusieurs États membres de l'Europe.

À l'heure actuelle, en 2011, plusieurs pays européens ont légalisé le mariage homosexuel : les Pays-Bas en avril 2001, la Belgique en juin 2003, l'Espagne en juillet 2005, la Norvège en janvier 2009, la Suède en mai 2009 (en Suède, l'Église ne peut pas refuser de célébrer un mariage homosexuel), le Portugal en mai 2010. Dans le monde, le Canada a voté cette mesure en juillet 2005, l'Afrique du Sud en

40. Cf. Texte de la Conférence des Évêques de France du 27/11/2012 sur le mariage homosexuel.

novembre 2006 et l'Argentine en juillet 2010. Certains États des États-Unis et du Mexique ont également adopté une telle législation.

En France, le PACS a été introduit en novembre 1999. On sait que le tribunal de grande instance de Bordeaux a annulé en juillet 2004 un « mariage » entre deux hommes homosexuels, union contractée dans la commune de Bègles, jugement d'annulation confirmé par la cour d'appel de Bordeaux en avril 2005 [41]. Par ailleurs, le Conseil constitutionnel, saisi par deux femmes vivant en couple depuis plusieurs années, a indiqué dans sa décision du vendredi 28 janvier 2011 que « le droit de mener une vie familiale normale n'implique pas le droit de se marier pour les couples de même sexe » et que « le principe d'égalité ne s'oppose pas à ce que le législateur règle de façon différente des situations différentes ».

D'autres pays européens ont adopté l'enregistrement d'un partenariat ouvert uniquement aux couples du même sexe : Danemark (1989, où l'Église luthérienne autorise la bénédiction de couples de même sexe), Islande (1996), Allemagne (2001), Finlande (2002), Royaume-Uni (2005), Slovénie (2005), République tchèque (2006), Suisse (2007) et Hongrie (2009).

2. La bisexualité

On entend aujourd'hui parler de personnes qui s'affichent bisexuelles. Le terme « bisexualité » recouvre les conduites et l'attirance sexuelle ou sentimentale pour des personnes de sexe féminin ou masculin, soit simultanément soit alternativement. Pour la personne bisexuelle, le plaisir, que tout être

41. Parmi les propositions de M. François Hollande, élu Président de la République le six mai 2012, figure le droit au mariage et à l'adoption ouvert aux couples homosexuels. Le projet de loi a été discuté en conseil des ministres du 07/11/2012. Il compte aussi ouvrir la PMA aux femmes homosexuelles.

humain cherche, peut se trouver aussi bien dans les rapports hétérosexuels qu'homosexuels.

Le « pourcentage » d'hétéro et d'homosexualité varie selon chacun [42]. La composante homosexuelle plus ou moins inconsciente chez chacun de nous s'exprime, par exemple, lors d'amitiés privilégiées au temps de l'adolescence, mais aussi dans les sports collectifs, parmi les hommes entre eux au café ou dans les pubs anglais strictement interdits aux femmes.

On sait, avec Freud [43], que l'être humain connaît une bisexualité psychique, c'est-à-dire qu'en nous existent des dispositions sexuelles féminines et masculines ; la bisexualité psychique serait le fondement psychique inconscient de tout être humain. Cependant elle se réfère au désir et au concept de soi, et non au comportement et aux actes. La construction psychoaffective de la personne implique que l'orientation sexuelle se définit précisément, au plus tard, au sortir de l'adolescence, voire avec la maturité vers dix-huit ou vingt ans. Si l'attirance bisexuelle se poursuit, il peut s'agir d'une homosexualité latente, encore que la bisexualité soit revendiquée par ceux qui la vivent comme une identité en tant que telle, du même ordre que l'hétéro ou l'homosexualité, « une troisième voie ». Ceci va nettement à l'encontre de ce qu'écrit Sophie Agacinski :

> « L'espèce humaine se divise en deux, et en deux seulement, comme la plupart des espèces. Cette division qui couvre l'ensemble des êtres humains, sans reste, est donc une dichotomie. Autrement dit, tout individu qui n'est pas femme est homme,

---

42. D'où l'échelle de Kinsey allant de 0 à 6, de l'hétérosexualité exclusive, puis prépondérante à l'homosexualité prépondérante, puis exclusive, la bissexualité se trouvant au milieu en position 3. Le nombre de personnes se disant bisexuelles est mal connu : lors d'une enquête sur l'orientation sexuelle en France menée par l'IFOP début 2011, 3 % des personnes interrogées se déclaraient bisexuelles.

43. Sigmund Freud, *Trois essais sur la sexualité*, 1905.

> et tout individu qui n'est pas homme est femme. Il n'y a pas de troisième possibilité [44]. »

> « La bisexualité psychique est considérée en psychanalyse comme l'état premier de la sexualité humaine et le signe de son inachèvement. Elle ne représente pas la fin de la sexualité ni le fait d'avoir les deux sexes à la fois ; elle est la résultante d'un travail interne, à partir duquel l'enfant construit son lien sexuel en empruntant les aspects masculins et féminins à ses parents et à son environnement sur le mode de l'identification inconsciente. La bisexualité est donc la capacité d'intérioriser et de reconnaître la différence des sexes et de les mettre en "dialogue" à l'intérieur de soi. À partir d'elle, l'individu transformera le fantasme du sexe unique, hérité de l'image de la mère toute-puissante bisexuée, garante de la position narcissique de l'enfant ou de l'adolescent et qui favorise la dénégation de l'autre sexe [45]. »

L'élaboration psychique de la bisexualité conduit donc à reconnaître la différence des sexes, à accepter les limites du corps sexué, à sortir de la toute-puissance du fantasme du sexe unique.

Cependant, le glissement actuel montre que ce concept n'est plus utilisé en référence à la bisexualité psychique, mais renvoie aux pratiques sexuelles, ce qui n'est, évidemment, pas du même ordre.

Malgré la banalisation de la bisexualité dans les médias, dont le cinéma [46], cette pratique paraît être plus ou moins bien

---

44. Sophie Agacinski, *Politique des sexes*, Paris, Points Seuil, p. 39. Citée par Luc Crépy et Marie-Noëlle Fabre, *La sexualité tout simplement*, Les Éditons de l'Atelier, Paris, 2002, p. 52.

45. Mgr Tony Anatrella, *Peut-on légitimer l'homosexualité*, Documents épiscopat, n° 18, décembre 1996, p. 9.

46. Pour ne citer que deux films : *Les nuits fauves* de Cyril Collard (1992), film autobiographique – l'auteur est décédé du SIDA l'année suivante – et *Le secret de Brokeback Mountain* (2004) qui décrit l'attirance homosexuelle de deux cow-boys avant leur mariage et la reprise de leur liaison quelques années plus tard. Des vedettes

supportée, tant chez les hétérosexuels que chez les homosexuels. Il semble qu'elle soit vécue comme si la personne n'avait pas encore pris conscience de sa propre réalité intérieure, comme une ambivalence, un non-choix ou le choix de ne pas choisir.

Cette absence d'orientation sexuelle clairement définie, parfois revendiquée comme une identité (certains parlent du « troisième sexe »), ouvre au plaisir et à la jouissance quelle qu'elle soit et sous n'importe quelle forme, telle qu'elle se présente, ce qui permet de multiplier les partenaires des deux sexes. Un patient disait un jour :

> « La bisexualité, c'est casser la logique des deux genres, homme-femme. C'est ne pas faire de choix. C'est jouer sur les deux tableaux, le plus dangereux, succomber à toutes les tentations, tous les fantasmes. »

Il s'agit en effet davantage d'une recherche de plaisirs que d'une recherche de rencontre authentique ou d'une quête affective. La notion de plaisir ne recouvre pas la notion d'amour.

La bisexualité est connue depuis longtemps, la Grèce et Rome en témoignent. Elle renvoie également au mythe de l'androgyne (mot qui vient du grec : *Andros*, « l'homme » et *Gunè*, la « femme »). La mythologie grecque [47] avance que l'espèce humaine est née de l'androgyne, c'est-à-dire de deux êtres de sexes opposés réunis ensemble : deux en un. Ce fut la cause de leur perte, car fiers de cette double nature, les androgynes commirent l'erreur de vouloir accéder au royaume des dieux. Cela engendra la colère de ceux-ci et particulièrement de Zeus qui punit les androgynes en les séparant en deux êtres distincts : les hommes et les femmes.

---

du cinéma ou stars d'autres domaines font parfois, dans les médias toujours en recherche de nouveauté, état de leur bisexualité ou tout au moins d'expériences vécues avec les deux sexes.

47. Platon, *Le Banquet (*189c-193e).

Depuis ce temps, chacun est en quête de la moitié qui lui manque !

L'androgyne aujourd'hui est très présent. Il suffit de regarder la mode vestimentaire (avec le mélange des modes vestimentaires hommes/femmes), la présentation, « le look », le comportement de certaines personnes que vous croisez et au vu desquelles la question se pose inéluctablement : fille ou garçon ? Homme ou femme ? Cela peut être un moyen de contester le schéma binaire homme/femme dans lequel ils ne se reconnaissent pas et ne trouvent pas leur place. Mais n'est-ce pas également révélateur du flou de l'image psychologique qu'ils ont d'eux-mêmes, mélangeant le masculin et le féminin ? *Nous ne sommes alors ni dans l'homosexualité ni dans la transsexualité, nous sommes dans l'indifférencié.*

La bisexualité renvoie à une pratique non maîtrisée ou non disciplinée de la sexualité. Apparemment, vu la rareté de la demande psychologique, d'accompagnement ou de psychothérapie chez ces personnes, on peut penser que la plupart de ces personnes assument leur bissexualité. Il n'en est rien. En effet, si on va au-delà de la jouissance immédiate et multiforme, il existe une souffrance morale indéniable qui est peut-être justement celle de la non-différenciation, d'être les deux, entre les deux ou encore ni l'un ni l'autre sexe. Cette jouissance, qui est d'abord pour soi, entraîne une difficulté à s'intégrer de manière satisfaisante dans la dimension sociale de l'être humain, dans sa relation à l'autre, dans la découverte de l'autre mue par le respect. Lorsque surgissent ces questionnements – et ils surgissent tôt ou tard au cours du déroulement de l'existence – un chemin est possible. Chemin d'ouverture, d'espérance et d'inscription dans une identité différenciée. Il existe des routes de Damas en chacune des existences humaines.

Dans la Bible, Dieu crée l'être humain à son image, homme et femme, il les crée ensemble et égaux. La plénitude de la rencontre – union intime de deux sujets – et la fécondité s'inscrivent dans la reconnaissance de la différence : c'est là le lieu d'accueil de l'autre. Le regard porté sur la sexualité est celui du lieu où s'épanouit l'être humain, de la rencontre du masculin et du féminin. Il faut relire le texte biblique qui n'a rien de « phallocratique », car l'évolution culturelle et sociologique ultérieure en a décidé autrement.

3. Le transsexualisme

Ces dernières années, le transsexualisme a été mis en lumière, particulièrement sous la pression médiatique.

Le terme est relativement récent puisqu'il a été employé pour la première fois par David Cauldwell en 1949, puis repris en 1953 par les docteurs Harry Benjamin et Gutheil. Ces deux médecins exposaient, dans un article, la première opération de conversion sexuelle qu'ils avaient réalisée sur la personne de Christine Jorgensen, née George William Jorgensen, ex-sergent de l'armée américaine, devenue célèbre pour avoir été la première personne mondialement connue à avoir subi une opération chirurgicale de transformation sexuelle. Ils décrivent le transsexualisme [48] comme une entité qui n'est ni une perversion ni une homosexualité : « Il s'agit du *sentiment d'appartenir au sexe opposé* et du désir corrélatif d'une transformation corporelle. » C'est-à-dire qu'il existe une différence entre le sexe biologique et l'identité psychique. Ces auteurs ajoutent : « Le sexe, c'est que l'on voit ; le genre, c'est ce que l'on ressent. L'harmonie des deux est essentielle au bonheur humain. »

---

48. D'où le nom parfois donné de *syndrome de Benjamin*. On parle également de transgenre ou de syndrome de dysphorie de genre. Le préfixe *trans* (qui signifie « au-delà, au travers ») marque le passage d'un état à un autre, le passage à travers son sexe, la transformation. Lorsque le changement de sexe est effectué, par les hormones et la chirurgie, on parle de réassignation ou de réattribution du sexe.

Cela signifie qu'une personne transsexuelle ressent son identité sexuelle opposée à son sexe physique, biologique, de naissance, comme si son corps lui était totalement étranger. Sa demande est d'être reconnue à part entière comme appartenant à l'autre sexe, de « réparer une erreur de la nature », disait un patient. Avec la possibilité actuelle existante de la transformation sexuelle par l'administration d'hormones et la chirurgie, le sujet est aujourd'hui tout à fait d'actualité, d'autant plus que le transsexualisme n'est pas un phénomène vraiment exceptionnel [49].

a. Qu'est-ce que le transsexualisme ?

La classification internationale des maladies (CIM 10) définit **le transsexualisme comme le désir de vivre et d'être accepté en tant que personne appartenant au sexe opposé**. Ce désir s'accompagne habituellement du souhait de transformer son corps pour le rendre aussi conforme que possible au sexe désiré, grâce à la chirurgie ou à un traitement hormonal [50].

L'autre classification internationale (le DSM IV [51]) reprend ces critères, mais insiste sur **la souffrance des transsexuels**

---

49. Une estimation, faute de données épidémiologiques précises, situe la prévalence autour de 0,1 % de la population, ou entre 1 pour 10000 et 1 pour 50000. En France, le nombre de demandes de prise en charge de chirurgie de réassignation se situait à 100 en 2005 et 102 en 2006. Rapport de la Haute Autorité de Santé (HAS), *Situation actuelle et perspective d'évolution de la prise en charge médicale du transsexualisme en France*, novembre 2009, publié en février 2010.

50. Il est également précisé que « l'identité de type transsexuelle doit avoir été présente d'une manière persistante pendant au moins deux ans, ne doit pas être un symptôme d'un autre trouble mental tel qu'une schizophrénie et ne doit pas être associée à une autre anomalie sexuelle génétique ou chromosomique. »

51. *Diagnostic and Statistical Manuel of Mental Disorders*, IVe version, American Psychiatric Association.

en parlant « d'une identification intense et persistante à l'autre sexe, d'un sentiment persistant d'inconfort par rapport à son sexe, ou sentiment d'inadéquation par rapport à l'identité de rôle (*gender role*) correspondante » ; elle précise aussi que « l'affection est à l'origine d'une souffrance cliniquement significative ou d'une altération du fonctionnement social, professionnel ou dans d'autres domaines importants ».

Le transsexualisme n'est donc pas un problème sexuel, c'est un problème d'identité.

Chez l'enfant, le transsexualisme concerne beaucoup plus les garçons (devenir une fille) que les filles (devenir un garçon). Il n'en est plus de même chez l'adulte. D'après des chiffres anciens, près des 3/4 des patients sont des hommes voulant devenir une femme ; cependant, l'évolution de ces dernières années va **dans le sens d'une augmentation de la demande féminine pour gagner, voire dépasser la parité** [52].

Il faut différencier le **transsexualisme** :

– du **travestissement ou transvestisme** : le travesti porte les vêtements du sexe opposé, dans le but d'une excitation sexuelle, d'une satisfaction purement érotique, sans motivation de changement de sexe ; la question ne concerne que des hommes, car le travestissement féminin est pratiquement inexistant.

– de **l'homosexualité** : la personne homosexuelle éprouve une attirance physique pour les individus de son propre sexe, mais sans vouloir changer de sexe.

– **de l'intersexualité et des anomalies chromosomiques** telles que le syndrome de Klinefelter [53] ou une anomalie

---

52. Il est habituel de désigner le sujet par le genre qu'il souhaite avoir (il ou elle) et non par le sexe de naissance. Ainsi, lorsqu'on parle d'une femme transsexuelle, il s'agit d'un homme, désigné comme tel à la naissance et qui a pris la décision de devenir femme (MtF) ; inversement, un homme transsexuel se ressent homme bien qu'ayant été désigné femme à la naissance (FtM).

53. Anomalie chromosomique caractérisée par un chromosome X supplémentaire, XXY, soit 47 chromosomes. La personne est de type

anatomique telle que l'hermaphrodisme [54]. La définition même le précise bien.

– enfin, **de données culturelles éloignées de la nôtre** où la transformation de l'identité sexuelle renvoie à une symbolique qui est propre à ces cultures. On peut citer la population des Berdaches, en voie de disparition, surtout développée parmi les Indiens d'Amérique du Nord et en Sibérie, les Hijras en Inde, certains enfants Inuits déclarés à leur naissance par leur mère en fonction de ce qu'elle désirait pendant sa grossesse, mais réintégrés dans leur sexe biologique à la puberté, ou encore certains hommes polynésiens qui, sous des noms différents selon les îles, peuvent s'habiller en femmes, ne se revendiquant pas pour autant de l'autre sexe.

b. Transsexualisme primaire et secondaire

Le transsexualisme primaire caractérise les personnes dont les troubles portant essentiellement sur l'identité de genre, sont survenus tôt dans l'enfance au cours de laquelle est apparu le refus de leur sexe de naissance, biologique. Il s'agit d'une inversion précoce et inébranlable de la structuration de l'identité de genre, inversion que l'on retrouve dans le comportement, le choix vestimentaire, les goûts et les intérêts manifestés. Le patient met en avant une grande souffrance psychique et parle d'idées suicidaires, passe même à l'acte si on n'accède pas à son désir de changement de

masculin, mais à la puberté, si le taux de testostérone (l'hormone mâle) est trop faible, un développement des glandes mammaires est possible.

54. L'hermaphrodisme désigne un phénomène biologique caractérisé par une ambiguïté sexuelle. Il peut s'agir d'une intersexualité complète (chromosomes sexuels normaux, XY pour l'homme et XX pour la femme), mais les organes sexuels sont à la fois de type masculin et de type féminin. Le plus souvent, il s'agit de pseudohermaphrodisme et les organes génitaux sont ambigus, soit plutôt de type féminin soit plutôt de type masculin.

sexe. Chez ces adultes, la vie sexuelle est variable, absente, hétéro ou homosexuelle qu'ils considèrent alors comme hétérosexuelle puisqu'ils ne se sentent pas appartenir à leur sexe biologique.

Le **transsexualisme chez les enfants** est un problème difficile. Parfois très tôt, l'enfant refuse le sexe qui est le sien : le garçon dit être une fille (ou exprime le désir de l'être et de le devenir), la fille pense être un garçon. Cela se manifeste par les jouets, les jeux, le comportement, le refus de vêtements de son sexe ; ses amis sont du sexe que l'enfant voudrait avoir.

La précocité d'une telle certitude fait que les parents et les médecins sont alors confrontés à une décision grave : faut-il aller dans le sens de l'enfant ou pas ? Les problèmes auxquels sont confrontés familles et médecins sont complexes et les décisions difficiles à prendre car lourdes de conséquences :

– d'un côté, il est connu que la majorité de ces enfants changent d'avis avant seize ans (âge minimum légal requis dans beaucoup de pays pour envisager la réassignation du sexe) et il faut donc laisser à l'enfant le temps de la réflexion ;

– de l'autre, on est confronté à la nécessité de traiter ce trouble chez l'enfant en raison de la souffrance inhérente à ce problème d'identité et de ses répercussions sur sa vie sociale et scolaire.

Devant la détresse et la force de l'affirmation de l'enfant sur « l'erreur de naissance », les parents sont pris entre la possibilité d'aller dans son sens, avec la hantise du suicide de l'enfant concerné, tout au moins son désir de mort, si la transformation sexuelle leur était refusée : « Je préférerais mourir plutôt que de vivre dans la peau d'un garçon toute ma vie, parce que je ne pourrai pas être celle que j'ai envie d'être », disait un petit garçon de huit ans [55] à sa mère qui

---

55. Émission du 08/09/2010 sur la chaîne TEVA, « Les dossiers chocs », documentaire Zig Zag productions. Ce documentaire porte exclusivement sur des personnes américaines, adultes et enfants.

allait dans le sens de l'enfant en ajoutant : « Cela pourrait être tellement plus grave ! Au moins, notre enfant est vivant. »

À l'évidence, le traitement doit inclure les parents. On sait, en effet, que le trouble peut évoluer, tant chez l'enfant que chez eux, dans cette prise en charge mutuelle. Les parents doivent donc savoir ne pas favoriser les comportements de l'autre sexe et comprendre comment, malgré eux, ils contribuent peut-être à entretenir le trouble de leur enfant ;

– se pose enfin la question de la puberté avec l'éventuelle mise en place d'un traitement hormonal avant la survenue de celle-ci pour retarder celle de son sexe et éviter les inconvénients de l'installation des caractères sexuels secondaires (en particulier, la difficulté de l'épilation de la barbe).

Dans d'autres cas, **l'éventualité du transsexualisme se pose à l'adolescence**. Peut-être sous l'influence de la plus grande médiatisation et de la théorie du genre, l'adolescent se découvre transsexuel. En témoignent les demandes de consultations qui suivent chaque émission sur le sujet. En réalité, la question de l'homosexualité refusée comme telle se pose alors. L'adolescent peut affirmer que si son désir le pousse vers des personnes du même sexe que lui, ce n'est pas un problème d'homosexualité, c'est que le sexe de sa naissance n'est pas le bon et qu'il faut le rectifier.

La position en France est de mettre en place un suivi de l'adolescent et de ne commencer aucune procédure irréversible avant la fin de la croissance et la majorité, d'autant plus que beaucoup renoncent à leur demande de transformation si un suivi psychothérapique a été possible et accepté.

Le **transsexualisme secondaire** correspond à une demande plus tardive de réassignation du sexe [56], avec une fréquence

---

L'approche américaine est nettement moins restrictive que l'approche française.

56. Pour expliquer ces demandes, certains auteurs pensent qu'avec l'âge, on assiste à des changements dans les structures et la physiologie cérébrales, plus spécialement au niveau de l'hypothalamus

accrue des hommes autour et au-delà de la quarantaine. Certes, des troubles d'identité sexuelle pouvaient exister depuis l'enfance ; cependant, ces personnes ont pu connaître une vie de couple normale et avoir eu des enfants. Cette demande va émerger très tardivement et se faire après une période de transvestisme, souvent caché, ou encore après une période d'homosexualité. On conçoit les bouleversements familiaux, sur le conjoint et les enfants, devant un tel changement, surtout si ces derniers sont mineurs.

c. D'où vient le transsexualisme ? Hypothèses quant à la cause

Au point de vue biologique, **aucune hypothèse génétique n'est actuellement vérifiée**. Il n'y a pas d'anomalies chromosomiques dans le transsexualisme et nous avons dit qu'il faut le différencier de *l'intersexualité* [57].

Une **perturbation endocrinienne** a pu être évoquée (imprégnation hormonale inadéquate en période prénatale ou périnatale ; insensibilité aux hormones sexuelles des récepteurs de neurones situés dans les structures cérébrales impliquées dans le comportement sexuel). Un autre groupe de recherches porte sur **la neurobiologie et la sexuation neurobiologique**. Ces recherches, s'appuyant sur les techniques modernes d'imagerie médicale, portent sur les différences morphologiques de certaines *zones cérébrales* impliquées dans le comportement sexuel. Ces travaux sont en cours et n'ont pas donné de résultats probants, d'autant plus que les sujets examinés étaient déjà sous traitement hormonal.

---

avec diminution du nombre et du volume des cellules impliquées dans la différenciation sexuelle.

57. Dans l'intersexualité, les caractéristiques physiques, biologiques, hormonales font que le sujet se trouve morphologiquement et physiologiquement entre l'homme et la femme.

Quelques études concernent **la co-morbidité psychiatrique**. Il n'est pas étonnant de retrouver des troubles anxieux et dépressifs, et on peut noter la présence de troubles de la personnalité (de type *border-line*, « émotionnellement labile ou antisocial » selon les termes de la classification américaine DSM IV) dans 42 % des cas [58]. L'hypothèse d'une *psychose*, ou tout au moins d'une *névrose grave*, a été soutenue il y a une cinquantaine d'années [59] dans le sens de la rupture avec la réalité et la création d'une autre réalité, celle que se donne le sujet dans le sexe opposé à son sexe biologique. La France a aujourd'hui retiré le transsexualisme de la liste des maladies mentales [60].

C'est au niveau du **développement psychoaffectif de l'enfant** et de son rapport à **l'environnement**, plus particulièrement au niveau des **facteurs parentaux et familiaux**, que l'on détermine les possibles causes du transsexualisme.

Les hypothèses psychologiques prévalent encore aujourd'hui. Robert Stoller [61], il y a une trentaine d'années, a mis en avant *la dynamique familiale, préconisant que le garçon*

---

58. U. Hepp, B. Kraemer et al, *Psychiatric comorbidity in gender identity disorder*, J. Psychosom Res, 2005, 58(3):259-61 ; KA Martin, *Transsexualism clinical guide to gender identity disorder*, Family practice, vol. 6 N°2/ février 2007.

59. Jean-Marc Alby, 1959, « Le transsexualisme », *Revue de neuropsychiatrie infantile et d'hygiène mentale de l'enfance*, 7:52-62. Cet auteur est également cité par Colette Chiland, Que sais-je? Éditions PUF, Paris, 2003, p. 68: « Le transsexualisme se situe au carrefour, à la limite de toutes les pathologies ».

60. La France a été le premier pays à retirer le transsexualisme de la liste des affections psychiatriques par un décret du 12 février 2010. Ce trouble était classé (nomenclature Sécurité sociale) jusque-là dans les affections psychiatriques de longue durée et plus précisément dans les « troubles précoces de l'identité de genre ». Voir plus haut pour les classifications internationales.

61. Robert. J Stoller, *Recherches sur l'identité sexuelle à partir du transsexualisme*, Paris, Gallimard, 1978.

était féminisé par sa mère, le bébé s'imprégnant précocement d'une identité féminine. Ce fut la théorie de la « symbiose bienheureuse aconflictuelle », marquée par une omniprésence de la mère avec trop peu de présence du père, en difficulté dans l'affirmation de sa virilité, c'est-à-dire une attitude parentale encourageant la symbiose et décourageant l'autonomie [62].

Dans le cas de la petite fille, l'environnement familial est l'inverse, trop de pères et pas assez de mère, ou plutôt une mère en difficulté, souvent dépressive, peu chaleureuse, ne pouvant pas valoriser la féminité de sa fille parce qu'étant en difficulté avec sa propre féminité, peut-être elle-même dévalorisée par sa propre mère.

Il est évident que *les relations mère-enfant et père-enfant montrent de fréquentes altérations chez les enfants ayant un trouble de l'identité sexuelle*. Par rapport à la parole de l'enfant, une attitude de tolérance, une réponse positive au comportement transsexuel, un manque de réactivité parentale seraient des facteurs de renforcement et d'encouragement [63].

Ce que les travaux de R. Stoller nous ont appris, « c'est à regarder de près la configuration familiale des enfants ayant des troubles de l'identité sexuée. On trouve des configurations variées. Si l'on prend en observation approfondie et en traitement l'enfant et ses parents, on voit le rôle que jouent les positions des parents vis-à-vis de leur identité sexuée et de celle de leur enfant, et vis-à-vis de leur sexualité, leurs fantasmes préconscients et inconscients à côté de leurs comportements manifestes. *L'enfant évolue et l'évolution des parents est un facteur essentiel de l'évolution de l'enfant* [64] ». Cette possibilité d'évolution parallèle est évidemment capitale.

---

62. S. Marantz, S. Coastes, *Mothers of boys with gender identity disorder : a comparison of matched controls*, J Am Child Ado Psy, 1991, 30 (2) : 310-5.

63. S.J. Bradley, K.J. Zucker, *Gender identity disorder : A review of the past 10 years*, J Am Child Ado Psy, 1995, 36 (7) : 872-80.

64. Colette Chiland, *Changer de sexe*, Paris, Odile Jacob, 1997.

On comprend qu'il n'est pas rare de retrouver un autre facteur, à savoir que *l'enfant qui arrive n'est pas toujours en accord avec le sexe désiré par les parents*, ou tout au moins un des deux, et qu'il a été élevé comme tel. Cela peut être très clairement verbalisé (ou par un lapsus) par le ou les parent(s) qui, de plus, habilleront souvent l'enfant avec les vêtements du sexe opposé.

Il serait bon que les études précisent mieux d'autres éléments retrouvés par certains auteurs, tels que *les violences subies et les situations d'abandon graves*. Ces éléments n'ont évidemment rien de spécifique et soulignent encore combien le mode de réaction de chacun est personnel.

d. Que faire ?

Le monde médical est divisé sur la question du transsexualisme, même si les professionnels de santé concernés (psychiatres, endocrinologues et chirurgiens) ont en commun, bien évidemment, le souci de soulager la souffrance des patients.

En raison du contexte sociétal actuel, il existe une très forte pression, particulièrement de la part des associations, pour aller dans le sens de la satisfaction de la demande de transformation. La psychothérapie s'avère difficile ou impossible, la demande première, voire unique, du patient étant le changement de sexe qui est pour lui le seul moyen de soulager sa détresse. En conséquence, l'accompagnement psychologique est confronté à cette demande, pour ne pas dire cette exigence, et n'a donc pas la dimension de soigner le trouble de l'identité sexuelle. La demande d'un certificat médical, leur ouvrant la porte aux transformations chirurgicales, était la seule demande des rares personnes transsexuelles que j'ai rencontrées. La question de la réassignation du sexe par les hormones et la chirurgie est donc rapidement soulevée.

En France, aucune décision n'est prise avant une période de suivi régulier d'au moins deux ans. Ceci témoigne d'une évidente sagesse car on peut voir une renonciation après un an ou dix-huit mois de parcours. D'où l'extrême prudence nécessaire chez les adolescents et les adultes jeunes. Ce n'est pas anodin de prendre un traitement hormonal (qui a généralement des effets irréversibles sur les caractères sexuels secondaires et sur la fécondité) et d'envisager une transformation chirurgicale. Hélas, le tourisme médical est aujourd'hui monnaie courante et ce qui peut être refusé ici, hormones et/ou chirurgie, est pratiqué ailleurs, dans des pays plus ou moins lointains (Belgique, Suisse, Maroc, États-Unis, Thaïlande).

Le parcours de soins comporte plusieurs étapes : établissement du diagnostic, expérience en vie réelle pendant au moins un an pour étudier la capacité à vivre dans le sexe et le rôle désiré (la personne change de prénom, porte des vêtements différents, a des activités sociales et professionnelles selon son nouveau sexe), hormonothérapie de substitution réversible, puis irréversible et chirurgie de réassignation.

Sur le plan juridique, il n'y a pas, en France, de juridiction spécifique alors que d'autres pays [65] ont légiféré sur ce problème. Cependant, depuis 1992, date à laquelle la France a été condamnée par la Cour européenne des droits de l'homme, la Cour de cassation est revenue sur des avis antérieurs et la modification de l'état-civil est possible après la réalisation de la transformation hormono-chirurgicale [66], bien que l'état

65. Pour les pays européens ou proches, Suède : 1972, Allemagne : 1980, Italie : 1982 (législation qui restreint la possibilité de réassignation du sexe lorsqu'une personne est mariée ou qu'elle a des enfants), Autriche : 1983, Pays-Bas : 1985, Turquie : 1988, Royaume-Uni : 2005 et Espagne : 2006 – ces deux derniers pays n'exigeant pas l'intervention chirurgicale pour la modification de l'état-civil, mais seulement que le traitement hormonal ait modifié l'apparence du sujet – et enfin la Belgique : 2007.

66. La modification du prénom sur l'état-civil peut s'obtenir sans réassignation de sexe alors que celle-ci est nécessaire pour la

civil soit soumis au « principe d'indisponibilité de l'état des personnes ».

Cette transformation pose évidemment une question éthique et les médecins ne l'admettent que si cette intervention paraît être le seul moyen de soulager la souffrance psychologique et sociale induite par ce trouble de l'identité sexuelle. Certains spécialistes [67] pensent que « la réassignation hormono-chirurgicale du sexe est une "réponse folle" faite à une "demande folle" », un palliatif qui permet à certains patients de souffrir moins, mais ne constitue pas un traitement curatif. Notre société a permis techniquement cette réassignation hormono-chirurgicale du sexe, mais cela conduit à une contradiction : alors que la société actuelle privilégie l'identité de genre, c'est-à-dire le ressenti et le choix psychologique de chacun, le transsexuel ne peut pas se passer d'une marque physique, corporelle pour attester son identité. Comme s'il fallait à tout prix revenir au corps, mais il est vrai, transformé…

On évoque *la souffrance du transsexuel pour prendre en compte la demande de transformation sexuelle.* Elle est indubitable et il est certain que le taux de suicide est plus bas chez les patients transsexuels opérés que l'inverse. Mais qu'en est-il *de la souffrance d'autrui, son conjoint s'il est marié, ses enfants s'il a déjà procréé*? Cet argument est qualifié de fallacieux : « Les sociétés démocratiques qui ont tant promu l'autonomie des individus n'ont jamais cru possible d'en finir avec les souffrances psychologiques. Bien au contraire. Elles ont parié sur le fait que chaque individu doit être juge des moyens d'atteindre son bonheur dans sa vie personnelle sans produire de torts injustifiés aux autres. Mais les souffrances psychologiques causées par l'exercice

---

demande de changement de sexe à l'état-civil, entraînant la rectification de la mention du sexe en marge de l'acte de naissance.

67. Colette Chiland, *Encyclopédie médico-chirurgicale*, article Transsexualisme, Elsevier Ed., Paris, 2000.

légitime d'une prérogative juridique ne sont pas des "torts injustifiés" [68]. » Le bonheur dans sa vie personnelle : telle est la priorité absolue sans restriction aucune.

Effectivement, lorsque le problème de la famille (conjoint, enfants) est soulevé, les seules réponses que l'on trouve sont d'ordre juridique : le transsexualisme n'a pas de conséquence sur le droit au mariage et la filiation des enfants nés avant le changement n'est pas remise en cause. Mais ce que vit la famille est probablement considéré comme une affaire privée (et secondaire face à la toute-puissance du désir personnel) qu'il n'est pas de bon aloi d'évoquer. Dans les faits, le changement de sexe conduit généralement au divorce car le maintien du mariage (ou toute forme juridique de vie commune) reviendrait à admettre l'union de personnes du même sexe, c'est-à-dire le mariage homosexuel. Par ailleurs, si la filiation des enfants nés avant le changement n'est pas remise en cause, qu'en est-il des enfants nés par la suite ? Quelle est la filiation d'un enfant, conçu par insémination artificielle d'un donneur de sperme, naissant dans un couple dont l'homme est un transsexuel passé du sexe féminin au sexe masculin [69] ?

L'évolution sociétale actuelle demande, pour ne pas dire exige, que soit pris en compte le seul désir individuel et que la société n'a qu'à obtempérer, sommée de s'exécuter. Ce n'est plus le « vivre ensemble » qui est prioritaire, mais les seuls intérêts d'un groupe ou d'un individu. Il est même reproché

---

68. Marcela Iacoub (juriste, chercheur CNRS), *Situation actuelle et perspectives d'évolution de la prise en charge médicale du transsexualisme en France*, rapport de la Haute Autorité de Santé (HAS), novembre 2009, publié en février 2010, p. 35.

69. La Cour européenne des droits de l'homme a été confrontée à ce type de cas en 1997. Elle n'a pas accédé à la demande faite par le couple d'une reconnaissance de filiation juridique pour celui qui assumait socialement le rôle de père, aucune règle ne permettant d'établir la paternité d'une personne qui ne serait pas biologiquement du sexe masculin.

aux psychiatres d'essayer de distinguer différentes formes de ce trouble [70], ce qui nuirait à un consentement libre et éclairé pour la décision du sujet et conduirait les professionnels de santé à s'opposer au processus de transformation ! Pour mémoire, on peut noter un autre aspect de l'évolution, cette fois-ci au niveau du sport : le Comité international olympique a aboli tous les « tests de sexe » à partir des jeux d'été 2000. Par la suite, en mai 2004, ce même comité a admis que les femmes et les hommes transsexuels opérés pourraient participer aux compétitions, pour autant qu'ils remplissent certaines conditions (chirurgie, hormonothérapie et changement d'état-civil), à compter des jeux d'été de 2004.

C'est au nom de la liberté, de la vie privée, de la lutte contre les discriminations et les inégalités qu'il est demandé de satisfaire à ces revendications. S'il est indubitable qu'il faille apporter un soulagement à ces personnes, il serait nécessaire que les recherches sur les causes de ce trouble deviennent plus nombreuses. La réponse apportée aujourd'hui en France fait preuve de prudence (mal supportée par les organisations de *trans*) et cela est bien. Mais à lire certains documents, dont le rapport de la Haute Autorité de Santé, qui, au-delà des préoccupations de la santé, témoigne d'options plus politiques, on peut penser qu'une position plus radicale vers la satisfaction des revendications est sur le point d'être adoptée. Cette évolution est-elle la bonne ? C'est loin d'être évident.

Le devenir des transsexuels opérés peut apporter des éléments de réponse, bien qu'il soit difficile de se faire une idée précise sur le sujet, car bien peu se font suivre régulièrement. De façon générale, la plupart ne regrettent pas de s'être fait

70. Marcela Iacoub : « La quête de typologies psychiatriques telles que le transsexualisme "vrai", "primaire", "secondaire", etc. semble susciter la production de discours stéréotypés et défensifs qui vont à l'encontre d'un consentement libre et éclairé. » Document HAS, *op. cit.*, p. 34.

opérer et sont satisfaits de leur conversion sexuelle (selon les études, 3 à 18 % regrettent d'avoir changé de sexe et certains expriment de lourds regrets, allant même jusqu'à attaquer en justice ceux qui ont permis cette transformation, tout au moins aux États-Unis, entraînant la fermeture de certaines cliniques devant les problèmes juridiques surgis !). Ils vont mieux moralement et peu se suicident. L'insertion sociale est variable, mais, dans l'ensemble, meilleure dans le sens féminin vers masculin [71]. Le problème de la solitude n'est pas négligeable ; en même temps, ils ne se sentent pas pleinement homme ou femme et une souffrance persiste. La plus extrême prudence s'impose donc lorsqu'on envisage ce chemin de changement radical.

Le transsexualisme est sans aucun doute un problème très complexe qui engendre de nombreuses souffrances, que ce soit avant, avec l'espoir d'un apaisement, ou après un tel cheminement, face aux déceptions engendrées.

Quelques repères juridiques

1) Conditions pour modifier la mention du sexe à l'état-civil

Il faut noter l'absence de législation spécifique en France. Cependant, la Cour de cassation (arrêt de décembre 1992, suite à la condamnation par la Cour européenne) a défini les conditions nécessaires à la possibilité de modifier la mention du sexe à l'état-civil (avec changement de prénom) qui sera inscrite en marge de l'acte de naissance :

1. La réalité et la certitude du diagnostic de transsexualisme, qui doit être constaté médicalement (par une équipe pluridisciplinaire composée de médecins, de psychiatres, de psychologues, d'endocrinologistes et de chirurgiens) et judiciairement par une expertise judiciaire. Cette expertise est obligatoire.

71. La transformation de la morphologie masculine (pommettes, arcades sourcilières, pomme d'Adam…) entraîne une multiplication des interventions.

2. La réassignation hormono-chirurgicale du sexe doit avoir été réalisée. Le transsexuel doit donc déjà avoir pris l'apparence physique du sexe qu'il désire rejoindre.

3. Outre l'apparence physique, la modification doit également porter sur le comportement social. Au-delà de l'apparence physique, le psychisme et le comportement affectif doivent également être conformes au sexe dont la reconnaissance est demandée.

2) Conséquences sur le mariage antérieur au changement de sexe

Il ne peut être considéré comme nul (bien que certaines législations d'autres pays l'admettent). De façon générale, l'époux du transsexuel pourra obtenir le divorce aux torts exclusifs du transsexuel (selon divers arguments : mutilation de soi, non prise en compte des implications conjugales, injure grave pour le conjoint…).

3) Possibilité de mariage postérieur à la transformation

– La Cour européenne des droits de l'homme a posé expressément le droit pour une personne ayant changé de sexe de se marier dans son nouveau sexe.

– Le transsexuel qui désire se marier est tenu d'informer son partenaire du changement de sexe dont il a fait l'objet, au plus tard le jour de la célébration du mariage. À défaut, ce partenaire pourra, soit obtenir la nullité du mariage pour erreur sur les qualités substantielles du conjoint (art. 180 c.civ.), soit obtenir le divorce pour faute pour violation de l'obligation de loyauté entre époux.

– Le mariage dans le nouveau sexe ne se différencie en rien d'un mariage traditionnel hétérosexuel. Les droits sont les mêmes, y compris le droit d'adopter ou d'avoir recours à la PMA (procréation médicalement assistée).

e. Pistes de réflexion au niveau de l'Église

Si le transsexualisme n'est pas abordé au niveau du *Catéchisme de l'Église catholique* (il est par essence contraire à la création), on peut cependant dessiner quelques pistes de réflexion et de questionnement.

Il faut avant tout rappeler le devoir d'accueillir chaque personne, quelles que soient sa race, sa couleur de peau, sa religion, son orientation affective et sexuelle. Celui ou celle qui est là avec nous est frère ou sœur de Jésus-Christ et en Lui, venu nous rejoindre dans son Incarnation. Cependant, le transsexuel refuse sa propre incarnation, cette assignation du sexe à la naissance, qu'il s'est lui-même attribué dans les premiers jours de son développement embryonnaire et qu'il considère aujourd'hui comme une erreur de la nature.

Alors, la question de la réalité personnelle et sociale se pose à la personne transsexuelle : *qui suis-je* ? Suis-je seul concerné(e) ? Puis-je et suis-je en droit de modifier ma morphologie d'homme ou de femme *en fonction de mon seul désir* ? Que deviendrai-je aux yeux d'autrui ? Quelle est ma place dans la société : marginalisée ? Mieux intégrée après l'intervention ?

Et qu'en est-il du mariage ? Nous savons ce qu'il en est au niveau juridique (voir les repères juridiques) et que la mention portée en marge de l'acte de naissance témoignera de la réalité de la transformation corporelle. Au niveau de l'Église, nous sommes dans un cas d'empêchement au mariage (mariage ultérieur à la transformation) car le droit canonique exige l'hétérosexualité des époux [72]. Il est certain que la personne transsexuelle pourra toujours dire que la transformation corporelle a pour conséquence qu'il s'agit maintenant de l'union de deux personnes de sexes différents. De plus, les modifications entraînées par la chirurgie posent la question de la réalité de l'union satisfaisante entre les époux et celui de la fécondité.

Il peut paraître étonnant de soulever le problème quant au sacrement de l'ordre, mais il se posera probablement un jour,

72. Ainsi, un mariage célébré en octobre 2009, à Florence (Italie) par le prêtre de la paroisse avait été annulé par sa hiérarchie : « La biologie, ce que Dieu a fait homme et femme, ne peut pas être changé par des subterfuges ».

tout au moins dans certains pays. Un transsexuel homme, né femme, peut-il devenir prêtre ? La réponse négative est évidente face à une modification aussi radicale de l'œuvre de Dieu, de la création. De plus, les interventions nécessaires à la transformation sexuelle peuvent être considérées comme des mutilations et il y a un empêchement perpétuel à la réception des ordres pour celui qui, d'une manière grave et coupable, s'est mutilé (droit canon 1041.5). Cependant, ceci peut être considéré par une personne transsexuelle comme de l'ignorance face au monde d'aujourd'hui et de son évolution, ou plutôt un manque d'empathie, de compréhension et de compassion devant sa souffrance.

Les documents conciliaires de Vatican II peuvent nous aider à avancer dans la réflexion :

> « Corps et âme, mais vraiment un, l'homme est, dans sa condition corporelle même, un résumé de l'univers des choses qui trouvent ainsi, en lui, leur sommet, et peuvent librement louer leur Créateur. Il est donc interdit à l'homme de dédaigner la vie corporelle. Mais, au contraire, *il doit estimer et respecter son corps qui a été créé par Dieu et qui doit ressusciter au dernier jour. Toutefois, blessé par le péché, il ressent en lui les révoltes du corps.* C'est donc la dignité même de l'homme qui exige de lui qu'il glorifie Dieu dans son corps, sans le laisser asservir aux mauvais penchants de son cœur [73]. »

Nous n'avons pas un corps, nous *sommes* un corps, animé par une âme immortelle, ce qui confère au corps une dignité innée. C'est cette dignité du corps qui est aujourd'hui attaquée.

C'est à nouveau en se tournant vers Vatican II que l'on peut, non pas conclure, mais ouvrir la réflexion sur l'homme et le monde :

---

73. Vatican II, L'Église dans le monde de ce temps (*Gaudium et Spes*), ch. 1, 14, 1 : « Constitution de l'homme ».

> « Le genre humain vit aujourd'hui un âge nouveau de son histoire, caractérisé par des changements profonds et rapides qui s'étendent peu à peu à l'ensemble du globe. Provoqués par l'homme, par son intelligence et son activité créatrice, ils rejaillissent sur l'homme lui-même, sur ses jugements, sur ses désirs, individuels et collectifs, sur ses manières de penser et d'agir, tant à l'égard des choses qu'à l'égard de ses semblables. À tel point que l'on peut déjà parler d'une véritable métamorphose sociale et culturelle dont les effets se répercutent jusque sur la vie religieuse [74].»

Le rapport entre la créature et la Création peut s'en trouver profondément et radicalement bouleversé. L'Incarnation est venue nous redire toute la dignité du corps humain : *« Et le Verbe s'est fait chair* [75]. *»* Dès lors, on saisit tout l'enjeu autour du problème du transsexualisme.

---

74. Vatican II, L'Église dans le monde de ce temps (*Gaudium et Spes*), « Condition humaine dans le monde d'aujourd'hui », 4, 2.
75. Jn 1, 14.

Chapitre 4

Les abîmes

Les pathologies psychiatriques sont à lire, et on le comprend aisément, dans le contexte sociétal qui est le leur et au sein duquel elles se développent… ou disparaissent. On a vu tour à tour la grande époque, aujourd'hui révolue, des troubles hystériques si spectaculaires, la pathologie névrotique du refoulement en nette diminution, la persistance des troubles psychosomatiques avec la difficulté de mettre en mots la souffrance ; on observe depuis quelques années l'augmentation des dépressions, des troubles de la personnalité, l'explosion des addictions et le développement de certaines pathologies telles que le syndrome d'hyperactivité et de déficit attentionnel dont on ne parlait guère. Nos enfants et nos adolescents ne sont-ils pas les symptômes du monde consumériste hyperactif dans lequel ils vivent ?

Par ailleurs, on assiste ces dernières dizaines d'années à une augmentation importante des troubles de la sexualité. Il est évident que, dans un livre tel que celui-ci, nous ne pouvons aborder que de façon partielle ce vaste sujet et nous envisagerons seulement les troubles pédophiles et les addictions sexuelles. Ces pathologies ont, certes, existé de tout temps, mais leur augmentation récente nécessite de s'y arrêter et d'aller au-delà du simple constat de leur développement rapide et important, en particulier grâce aux moyens de communication modernes, dont Internet.

1. Les troubles pédophiles

Les abus sexuels pratiqués sur des enfants sont restés longtemps méconnus, laissés sous silence ou sous-estimés. Il était même de bon ton d'avancer que l'enfant avait pu imaginer de tels récits ou qu'il en avait même été l'inducteur. Les temps ont changé et la parole de l'enfant est prise en compte, d'égale valeur avec celle de l'adulte. L'évolution sociétale actuelle entraîne une augmentation du nombre des révélations, à la fois par cette libération de la parole, mais aussi par l'allongement du temps de prescription des actes pédophiles.

Il est, en réalité, préférable de parler des pédophilies ou de troubles pédophiles et non pas de la pédophilie, tant ce terme recouvre des réalités différentes ; le singulier s'avère trop réducteur.

La pédophilie est l'attraction érotique pour les enfants, que cet attrait soit ou non l'expression unique de la sexualité de la personne. Le sujet pédophile, étymologiquement, « aime les enfants » (le mot vient du grec *paidos*, « enfant » et *phileo*, « aimer »).

L'usage dans le langage commun du mot « pédophilie » est relativement récent puisqu'il apparaît au début des années 1970, créé au moment du courant sociopolitique d'après 1968 et de la réflexion conduite alors sur les relations adultes-enfants [1].

La pédophilie est une transgression majeure, intolérable pour nos sociétés, qui fait d'autant plus la une des médias lorsqu'il s'agit de gens d'Église. *Le pédophile est d'abord et avant tout un prédateur, un oiseau de proie, c'est-à-dire qu'il*

1. Cependant, le mot existait déjà dans le langage psychiatrique, utilisé par Von Krafft-Ebing, auteur de l'ouvrage *Psychopathia sexualis*, écrit en 1886, et dans lequel il parlait de *pédophilia érotica* pour définir l'attirance sexuelle d'un individu envers les personnes impubères ou en début de puberté.

détruit ses victimes. Il s'agit de pédo-criminalité dès qu'il y a passage à l'acte. La gravité des affaires de ces dernières années a pour conséquence que le mot de pédophile devient, dans le langage courant, le synonyme de violeur d'enfant, de criminel ou d'assassin.

Cependant, on assiste parfois à un véritable lynchage médiatique qui, dans certaines affaires telle que celle d'Outreau en 2004, a ruiné la vie de dix-huit prévenus, plus tard innocentés (l'affaire s'est terminée par un non-lieu), et causé le suicide de l'un d'entre eux.

Pour en savoir plus

La CIM 10 [2] classe la pédophilie dans le chapitre « **Troubles de la préférence sexuelle** » (référence : F65.4) ; elle apparaît dans le DSM IV[3] au chapitre « **Paraphilies** », terme apparu aux États-Unis en 1980. Ce mot « paraphilie », remplaçant celui de « perversion », voulait effacer du vocabulaire psychiatrique la connotation péjorative et morale associée au terme « perversion sexuelle ». Dans le langage courant, le qualificatif « pervers » renvoie à quelque chose de l'ordre du jugement et de l'indignation, ou même du dégoût, voire de l'horreur quand on pense aux cas de pédophilies tragiques tels que l'affaire Dutroux en 1996 en Belgique.

1) Paraphilies

L'étymologie du mot signifie « aimer (*phileo*) à côté (*para*) », une pratique sexuelle déviée. Ici, la sexualité n'est plus l'hétérosexualité, avec une personne adulte, de l'autre sexe, dans une relation d'amour librement consentie. La sexualité « à côté » diffère des actes traditionnellement considérés comme normaux. Dans la paraphilie, on trouve la souffrance ou l'humiliation de son partenaire et/ou de soi-même (comme dans le sadomasochisme), la souffrance des enfants (la pédophilie) ou d'autres personnes non consentantes,

2. Classification Internationale des Maladies, 10e version.

3. *American psychiatric association*, DSM-IV, Manuel diagnostique et statistique des troubles mentaux. Traduction française, Paris, Masson, 1996, 1056 p.

voire la présence d'objets inanimés (dans le cas du fétichisme, qui concerne essentiellement des hommes).

Les paraphilies sont exclusivement masculines (à l'exception de quelques cas de masochisme sexuel chez la femme.

Les caractéristiques essentielles d'une paraphilie sont des fantaisies imaginatives sexuellement excitantes, des impulsions sexuelles ou des comportements, survenant de façon répétée et intense, s'étendant sur une durée d'au moins six mois, impliquant des personnes ou des objets inanimés et qui sont à l'origine d'un désarroi significatif, d'une souffrance de la personne (sous-jacente à ces troubles) ou d'une altération du fonctionnement social, professionnel, ou dans d'autres domaines importants.

Les paraphilies les plus fréquentes sont **l'exhibitionnisme** (exposition de ses organes génitaux devant une personne étrangère prise au dépourvu par ce comportement), **le voyeurisme** (tendance à observer des personnes lors d'activités sexuelles ou lors d'activités intimes telles que se déshabiller), **le sadomasochisme** (qui implique un élément de douleur, d'asservissement ou d'humiliation, le sadique étant l'élément actif, le masochique celui qui subit, les deux pouvant être intriqués) et **la pédophilie**.

Plusieurs paraphilies peuvent être associées chez une même personne (environ un tiers des sujets pédophiles ou violeurs sont également exhibitionnistes).

2) Pédophilie : critères du diagnostic (DSM IV)

1. Présence de fantaisies (pensées) imaginatives sexuellement excitantes, d'impulsions sexuelles ou de comportements, survenant de façon répétée et intense, pendant une période d'au moins six mois, impliquant une activité sexuelle avec un enfant ou des enfants pré-pubères (généralement âgés de treize ans ou plus jeunes).

2. Ces fantaisies, impulsions sexuelles ou comportements sont à l'origine d'une souffrance cliniquement significative ou d'une altération du fonctionnement social, professionnel ou dans d'autres domaines importants.

3. Le sujet est âgé de seize ans au moins et a au moins cinq ans de plus que l'enfant mentionné en 1.

3) L'Organisation mondiale de la santé définit la pédophilie comme « **la préférence sexuelle pour les enfants généralement d'âge pré-pubère ou au début de la puberté** ». Le passage à l'acte sur autrui n'est donc pas nécessaire pour qualifier quelqu'un de pédophile, la fantasmatisation (construction imaginative) d'un acte sexuel avec un enfant y suffit.

4) La pédophilie peut être exclusive (fixation au niveau de l'attirance pour les enfants : dans ce cas, elle débute en général à l'adolescence et les contacts avec les enfants constituent un mode de sexualité habituel et exclusif tout au long de la vie) ou ***non exclusive*** (attirance également pour des adultes, le passage à l'acte pédophile se faisant souvent à l'occasion de circonstances facilitantes, d'un stress ou de la consommation de toxiques).

5) Certains tendent à différencier aujourd'hui trois sous-types : pédophile (enfant), hébéphile ou éphébophile (adolescent), pédo-éphébophile. Cette distinction n'est pas un détail, car beaucoup d'actes qualifiés aujourd'hui de pédophiles seraient en fait des actes éphébophiles avec des adolescents du même sexe, en phase pubertaire (11 à 14 ans) et non plus des enfants. L'adulte se vit alors comme un initiateur de l'adolescent, favorisant son entrée dans la sexualité. Ceci renvoie à la pédérastie des temps anciens ; la question d'un rapprochement avec l'homosexualité lorsque le partenaire n'est plus mineur se pose alors.

En raison de l'avancée générale de la puberté depuis plusieurs générations dans les pays occidentaux, il existe un décalage entre le sexe biologique (capacité à procréer), le sexe psychologique (désir d'un partenaire sexuel) et le sexe socio-juridique (majorité sexuelle reconnue par le droit). Cependant, on peut s'interroger sur la signification du « consentement » à la relation sexuelle, à la fois sur le plan psychologique et sur le plan éthique, lorsqu'on parle de personnes jeunes. En France, la majorité civile se situe à dix-huit ans et la majorité sexuelle à quinze ans. Elle est variable selon les pays [4].

---

4. Seize ans en Suisse, treize ans en Espagne, hormis les cas de vulnérabilité particulière du mineur.

a. Qui sont les pédophiles ?

Les pédophiles sont le plus souvent **des gens mariés et très majoritairement des hommes** (99 % des cas en France). *Il faut croire que le chemin de l'identité sexuelle, de la masculinité, est plus difficile pour l'homme que pour la femme.*

> « Le fait, pour l'homme, de retrouver dans chaque femme le premier objet d'amour (la mère) ne détermine pas, en effet, les mêmes "contraintes" psychiques (peur de la fusion et de l'emprise maternelle du premier âge) que chez la femme qui, elle, (re)trouve dans l'homme désiré un objet d'amour secondarisé (le père) et non la mère fusionnelle [5]. »

Lorsqu'une femme est impliquée, il s'agit le plus souvent de l'épouse ou de la compagne du conjoint ou du compagnon déviant, ou encore lors de situations de garde d'enfants.

L'agresseur, dans environ 75 % des cas, connaît la victime et le plus souvent, le délit (ou le crime) a lieu au domicile de l'agresseur ou de la victime. En effet, la grande majorité des cas de pédophilie se situe dans les familles. Cependant, il faut souligner ici l'importance actuelle du tourisme sexuel vers différents pays, dont l'Extrême-Orient. Il existe également des « contextes facilitants » par la fréquentation de structures de jeunes (scolaires, sportives, éducatives) et par des personnes exerçant une autorité ou représentant une référence (instituteurs, éducateurs, clergé).

La victime peut être **du même sexe ou pas** que l'agresseur. De toute façon, *ce qui intéresse le pédophile, c'est l'enfant. Le pédophile est attiré par l'enfant impubère précisément parce qu'il n'a pas de sexe définitivement établi, que les caractères sexuels secondaires ne sont pas encore apparus et que, psychologiquement, ses choix peuvent être hésitants*. L'enfant victime du pédophile n'est pas d'abord garçon ou fille, *il est enfant, impubère.*

---

5. Gérard Piriot et J-L Pédinielli, *Les perversions sexuelles et narcissiques*, Armand Colin Ed., 2e édition, 2009, p. 62.

La fréquence de la pédophilie

Elle est encore difficile à connaître. Le nombre de signalements d'abus sexuels, au sens large du terme, ne cesse d'augmenter (en dix ans, le nombre de condamnations pour viol sur mineurs de moins de quinze ans a doublé en France.) S'agit-il d'une augmentation des passages à l'acte ou bien d'une plus grande facilité à en parler et à porter plainte [6] ?

Une importante enquête, déjà ancienne [7], sur les abus sexuels aux États-Unis, rapportait qu'environ 30 % des femmes et 15 % des hommes dans la population générale signalaient avoir été victimes d'abus sexuels avant l'âge de dix-huit ans. Seulement 3 % des victimes avaient déposé plainte. Aux États-Unis, environ 20 % des viols et 30 à 50 % des attentats à la pudeur perpétrés sur des enfants sont commis par des adolescents. Leur devenir est loin d'être favorable. On observe en effet la poursuite de comportements violents (sexuels ou non), s'inscrivant dans un contexte de comportement antisocial ; le risque de commettre à nouveau des délits sexuels est d'autant plus grand qu'ils ont eux-mêmes été victimes d'abus sexuels dans l'enfance [8].

---

6. F. Bredin, rapporteur pour la Commission des lois de l'Assemblée nationale en 1997, indiquait qu'il y aurait chaque année en France 10000 mineurs victimes d'atteintes sexuelles. L'ONED (observatoire national de l'enfance en danger) indique des chiffres en augmentation dans son rapport de 2004 : 19000 enfants maltraités dont 5500 cas de violences sexuelles. Les chiffres données par le SNATEM (service national d'accueil téléphonique pour l'enfance maltraitée (119) sont plus lourds puisque sur un million d'appels, 20 % concerneraient des agressions sexuelles sur mineur, dont 80 % de moins de 15 ans, 71 % étant de sexe féminin.

7. W.D. Pithers, J.V. Becker, M. Kafka, B. Morenz, A. Schalnk, T. Leombruno, *Children with sexual, behavior problems, adolescent sexual abusers, and adult sex offenders : assessment and treatment*, Int Rev Psychiatry, 1995 ; 14, 779-818.

8. M. Rubinstein, C.A. Yeager, C. Goodstein, D.O. Lewis, *Sexually assaultive male juveniles : a follow-up*, am J Psychiatry, 1993 ; 150, 262-265.

Les activités pédophiles

Les activités pédophiles sont polymorphes (de l'attentat à la pudeur jusqu'au viol) et on ne rencontre pas de « pédophile standard ». Cependant, le pédophile se présente de façon générale sous deux aspects :

– **Le pédophile « gentil »** avec les enfants, agissant sans aucune violence. Séducteur, manipulateur, il se place dans une perspective de relations amicales, disant vouloir aider l'enfant, l'aimer, ce qui n'est pas faux, mais pas du tout au sens où l'enfant l'entend. Ces activités sexuelles peuvent durer un temps certain tant que le pédophile ne devient pas trop pressant. L'activité sexuelle des pédophiles est en effet variable, de la contemplation de l'enfant nu, l'exhibition ou la masturbation en sa présence aux attouchements, ce qui est le plus fréquent, voire à de véritables relations sexuelles qui peuvent être un viol [9].

– **Le pédophile sadique**, associant violence, agressivité, utilisation de l'enfant à des fins marchandes, voire tortures et, dans les cas extrêmes, meurtre de l'enfant. Ici, on ne sait plus si on est encore dans le domaine des perversions sexuelles et de la pédophilie (où l'attrait sexuel est moteur) ou plutôt dans le crime sexuel sous-tendu par des pulsions de mort.

On sait combien les affaires de pédophilie ont été longtemps occultées et une aura d'incrédulité, de doute ou de méfiance entourait toute révélation. La pédophilie se passe dans l'ombre, en cachette, recouverte d'une chape de consignes. L'enfant est invité au silence par la menace ou bien par la notion d'un secret ou d'un plaisir partagé, mais qui

---

9. Rappelons qu'un viol est un acte de pénétration sexuelle (vaginale, anale au moyen d'un organe sexuel, d'un doigt ou d'un objet) ou encore un acte de pénétration buccale par un organe sexuel, commis sur la personne d'autrui par violence, contrainte, menace ou surprise (art. 222-23 du NCP), c'est-à-dire sans consentement. C'est un crime qui est jugé en Cour d'assises. L'agression sexuelle relève du tribunal correctionnel.

n'appartient qu'à eux deux. Par ces consignes de silence, par la violence, par les éventuelles menaces après le passage à l'acte pédophile, il y a une prise de pouvoir sur la victime. Parfois, le scénario de jeu du pédophile implique le consentement ou même la demande de l'enfant.

L'inceste est un cas particulier de pédophilie, s'exprimant au sein de la famille, en général émanant des proches parents du premier degré [10].

L'inceste peut concerner des enfants des deux sexes, et un ou plusieurs enfants d'une même famille. Le plus souvent, il s'agit du père, du grand-père, de l'oncle, du frère aîné et aujourd'hui du beau-père vis-à-vis d'une (et parfois plusieurs) fille(s) car l'inceste n'est parfois révélé que lors de la répétition des actes incestueux sur d'autres enfants. L'inceste mère-enfant est rare dans toutes les cultures et, en général, de pronostic encore plus grave.

La mésentente conjugale est fréquente dans les situations d'inceste. Les pères incestueux semblent répondre à deux profils : soit un homme psychorigide, égocentrique et autoritaire, manifestant son pouvoir et son emprise sur sa famille ; soit, à l'inverse, un homme timide, inhibé dans les relations sociales, se repliant sur sa famille. Ils sont socialement souvent sans histoire, sans ou avec de rares antécédents judiciaires, et leur insertion professionnelle est normale. Le taux de récidive est limité (environ 10 %).

L'attitude du pédophile

La relation entre le pédophile et sa pathologie est variable. Dans un grand pourcentage de cas, **le pédophile nie toute activité sexuelle**. La *dénégation* paraît l'attitude de la grande majorité des pédophiles pour la plupart des spécialistes.

---

10. L'inceste sera davantage développé dans le chapitre sur l'identité blessée : souffrance de l'enfant victime d'agressions sexuelles.

Certains pédophiles ne passent jamais à l'acte sur autrui, vivant **une abstinence volontaire**. La conscience de l'interdit et de la faute, la crainte des suites judiciaires possibles l'expliquent. L'activité pédophile se fait au niveau d'une consommation d'images (photos d'enfants, images pornographiques).

Les pédophiles névrotiques sont souvent des personnes bien insérées socialement. Ils savent que ces comportements sont répréhensibles et passent rarement à l'acte. Celui-ci peut être facilité par les circonstances (prise de drogues ou de toxiques [11], réunion en groupe, dérapage vis-à-vis d'un enfant dont l'attitude a pu être interprétée comme séductrice). Le contexte peut également être celui de moments de fragilisation (divorce, perte d'emploi) ravivant anxiété et dépression. Le plus souvent, il s'agit d'attouchements, de caresses, et l'adulte prend conscience de ce qu'il vient de commettre. D'où la honte et la culpabilité. Cependant, cela n'exclut pas la récidive puisqu'une tendance préalable à la pédophilie est évidemment en cause.

Les pédophiles pervers, du fait de la scission de leur personnalité n'intègrent pas les interdits sociaux ou plutôt les contestent et finalement les reconnaissent… en les transgressant ! Un patient me disait un jour : « S'il fallait s'arrêter à la loi… » L'acte est ici revendiqué, la transgression est volontaire et délibérée. Une fois l'acte effectué, l'adulte peut le nier en sa conscience, mettant en avant soit un supposé consentement ou désir de l'enfant, soit la valeur éducative et saine de ces « actes d'amour ».

Ces pédophiles pervers, immatures affectifs, souvent très intelligents, bien insérés dans la société, ont un discours très structuré ou même prosélyte ; ils justifient leur conduite sans aucune mauvaise conscience ni culpabilité (d'où la récidive),

---

11. La consommation de substances toxiques telles que l'alcool ou la cocaïne peut induire une désinhibition : plus de 2/3 des viols seraient commis sous l'emprise de l'alcool.

exprimant même que « cela fait du bien à l'enfant » souvent présenté comme complice. On les retrouve fréquemment dans des métiers d'encadrement d'enfants. Ils se présentent sous une apparence irréprochable, au discours moraliste. Le pédophile pervers est le plus souvent insoupçonnable, il est « nickel-chrome [12] ». « Tous, mais pas lui », peut dire l'entourage lors de la révélation des faits, d'où la constitution de comités de défense ou tout au moins la survenue du même clivage, les pour et les contre, dans la famille, les amis, les proches et le quartier ou le village. Mais derrière le rideau de respectabilité, ils évoluent dans des réseaux de pédophilies ou de prostitution infantile. Ce manipulateur remarquablement doué, tant auprès des enfants que des adultes, voire des experts ou même des juges, peut même aller jusqu'à essayer de mener les débats de justice ! Pour lui, seule compte sa jouissance, l'autre n'est pas son problème, sinon seulement comme une occasion de jouir.

Les pédophiles psychopathes sont les cas les plus graves avec des troubles de la personnalité antisociale, marquée par l'incapacité de se conformer aux normes de la société, l'impulsivité, l'instabilité et la froideur affective, les violences autres que sexuelles. Ce sont des pervers sadiques, totalement dominés par leurs fixations pédophiles compulsives, avec possibilité d'atteintes physiques graves envers les personnes, pouvant aller jusqu'à l'assassinat. On trouve ici une violence destructrice et une mise en acte de pulsions sadiques. Ils jouent sur la peur, la terreur, la volonté de salir et de détruire.

Ce sont heureusement les plus rares, mais les cas de ces dernières années (les affaires Dutroux et Fourniret) ont montré toute l'horreur possible. Certains les considèrent au demeurant non plus comme des pédophiles pervers sadiques, mais comme des tueurs en série, des criminels, car ce qui les

12. Selon une expression du docteur Benssussan, émission KTO « Parlons-en » du 22/04/2010 : « La pédophilie en France ».

anime n'est plus l'amour exclusif pour les enfants, mais tout ce qui peut être retiré comme bénéfices de leurs crimes [13].

La cyber-pédophilie connaît un développement inquiétant, voire dramatique ces dernières années [14]. En 2003, le *National Criminal Intelligence Service* anglais dénombrait 261 653 sites pédophiles, soit une augmentation de 46 % en un an. En 2004, le chiffre est de 480 000. Il semble que le nombre des sites à caractère pédophile et pornographique diminue depuis 2008, mais qu'à l'inverse, celui des sites pornographiques accessibles aux mineurs soit en nette croissance. Une émission de télévision en 2010 [15] citait un rapport des Nations unies qui avançait que plus de 750 000 prédateurs sexuels seraient en permanence connectés sur le Net.

---

13. Serge André, conférence Lausanne 1999 : « La signification de la pédophilie : Dutroux, qui est en cela un sujet exemplaire de notre société occidentale contemporaine, avait une motivation mercantile. Il faisait un commerce d'enfants. L'enfant était sa matière première, sa source de plus-value. Une matière qui ne vaut pas très cher, il faut le souligner : cent cinquante mille francs belges (à peu près sept mille francs suisses), c'est le prix que l'on paye en Thaïlande pour disposer d'une jeune vierge – la jeune vierge thaïlandaise constituant aujourd'hui l'objet-étalon de la mercantilisation mondiale de la sexualité. Ce qu'il faut noter dans l'affaire Dutroux, c'est que l'enfant, la chair de l'enfant, ne va vraiment acquérir de la valeur (valeur marchande et valeur sexuelle) que par l'usage qui va en être fait. Les enfants que Dutroux enlevait et séquestrait n'étaient pas simplement destinés aux plaisirs de quelque riche client. Ils étaient, semble-t-il, destinés à la fabrication de cassettes pornographiques sadiques, de *snuff movies*, c'est-à-dire de films montrant des enfants violés et torturés jusqu'à la mise à mort. D'après des informations qui ont été rendues publiques, on sait que chacune de ces cassettes de *snuff movies* vaut, à l'exemplaire, jusqu'à six fois le prix payé pour l'enfant lui-même. Cette survalorisation de l'image de l'atrocité mériterait une réflexion approfondie – qui pourrait s'étendre jusqu'à interroger le destin de l'érotisme contemporain ».

14. Pour mémoire, le chiffre d'affaires annuel de la pédopornographie est évalué entre 3 et 20 milliards de dollars.

15. « Les Infiltrés », France 2 du 06/04/2010.

Cela se fait au niveau des sites de « chat » (« chat-land » où les enfants sont géo-localisés, « loisir-ado », « ado.fr »...) Au-delà du *chat*, l'enfant est invité à donner ses coordonnées, à brancher sa webcam pour des « plans cam », des discussions « cam to cam », des invitations à se déshabiller devant la caméra et la fixation de rendez-vous. En France, un enfant sur trois a été approché par un inconnu sur Internet, une fois sur deux pour un rendez-vous dont la teneur sexuelle est explicite une fois sur trois [16].

On connaît l'augmentation dramatique du **tourisme sexuel** dans les dernières décennies. Plusieurs causes sont en jeu : l'aggravation de l'urbanisation avec les mégapoles, les flux migratoires, la diffusion d'une mentalité matérialiste, la détérioration des systèmes sociaux traditionnels, la perte de dignité de la sexualité devenue un objet de consommation et de profits, la diffusion vaste et facile que permet Internet, l'espoir d'éviter la censure sociale et les sanctions légales, ce qui est une erreur puisque le prédateur pourra être poursuivi dans son propre pays. On sait combien est difficile la réinsertion physique et psychologique de ces petites victimes.

On voit, hélas, que **la question de la récidive** peut se poser de façon dramatique. On a pu dire « pédophile un jour, pédophile toujours ». Il ne faut pas généraliser un tel propos. Il est très difficile de connaître la proportion exacte du taux de récidive des pédophiles et des criminels sexuels. Selon les études, les chiffres varient de 10 à 40 %. Un tel écart s'explique parce que l'éventualité de la récidive se pose en fonction même du caractère du passage à l'acte, de la personnalité du pédophile et du suivi thérapeutique (particulièrement avec l'administration d'hormones réalisant une castration chimique). Le risque est majeur en cas de personnalité de type

16. On peut rappeler ici que 72 % des enfants surfent seuls sur Internet et que 26 % des parents ignorent ce que font leurs enfants sur le net.

pervers ou psychopathique, antisociale, et en fonction du type de délinquance sexuelle, en particulier les antécédents de crimes sexuels. La pédophilie « circonstancielle » peut ne pas récidiver.

b. Origine de la pédophilie : hypothèses causales

Il faut essentiellement s'arrêter sur les hypothèses psycho-dynamiques, tout en évoquant rapidement les autres recherches [17]. Une fois encore, il faut se tourner vers la structuration psychoaffective de la personne pour obtenir des éléments d'explication.

La perversion est l'une des trois structures psychiques inconscientes, distinctes de la névrose et de la psychose, structures qui se mettent en place durant l'enfance. Les perversions sont des troubles du développement sexuel, une pathologie de l'immaturité sexuelle. Elles résultent d'un arrêt du développement de la pulsion sexuelle, une fixation à des étapes infantiles, parfois liée aux événements de l'histoire vécue de la personne. Les difficultés se sont situées, au cours de la phase de séparation-individuation de la mère et de l'enfant, dans une difficile voire impossible « désidentification primaire » (maternelle) et dans une défaillance de l'identification masculine secondaire (paternelle), le père n'apparaissant plus comme tiers séparateur [18]

---

17. Beaucoup d'auteurs, nous l'avons dit, pensent qu'il faudrait réserver le terme de « pédophilie » aux cas de perversion pédophile, à distinguer du crime sexuel qui serait plus à mettre sur le compte des sujets psychopathes antisociaux.

18. Pour Stoller, psychanalyste à UCLA (Los Angeles) « chez le garçon comme chez la fille existe une féminité primaire, avec identification à la mère (empreinte). La protestation virile et la répudiation de la féminité sont une défense contre cette identification précoce. La masculinité est plus fragile et plus laborieusement établie chez l'homme que la féminité chez la femme, puisque, pour les deux, l'identité primaire serait féminine. Si la relation privilégiée avec

dans une relation appelée normalement à devenir triangulaire.

Ainsi, comme dans toute perversion, c'est au niveau préœdipien que se met en place l'organisation perverse pédophile, marquée en particulier par le clivage de la personnalité. Il y a un non-accès à la sexualité adulte, génitale, et une immaturité affective [19].

Trois causes possibles

Dans le cas de la pédophilie, trois faisceaux d'éléments peuvent se trouver à son origine, isolés ou associés : le clivage de la personnalité, les failles narcissiques avec fixation à la position infantile et la possibilité de traumatismes sexuels de l'enfance.

Le clivage de la personnalité. Une personnalité est « clivée » lorsque coexistent au sein du « Moi » deux attitudes psychiques contradictoires, persistant côte à côte et se caractérisant chacune par un rapport différent à la réalité extérieure : l'une tient compte de celle-ci (intégrant la différence sexuée et la différence des générations) et l'autre la dénie, restant alors sous l'influence des pulsions et « détachant le moi de la réalité [20] ». La profondeur de ce clivage explique que dans certains cas, le pédophile ne comprend pas les faits qui lui sont reprochés et ne manifeste aucune culpabilité.

Dans le cas de la pédophilie, la psycho-dynamique parentale peut conduire à un échec de la structuration œdipienne.

---

la mère se prolonge, conserve une intensité fusionnelle d'heureuse symbiose, si aucune tierce personne (le père) ne vient l'interrompre, la masculinité risque d'être incertaine ou ne pas apparaître ».

19. Rappelons que bien des pédophiles sont des gens mariés. Le mariage des prêtres ne solutionnerait rien du tout car le problème n'est pas au niveau d'une frustration ou de la continence, mais au niveau de la structure psychique de la personne, de l'immaturité sexuelle.

20. Expression de S. Freud.

La mère apparaît souvent comme indulgente, surprotectrice, très et même trop proche, pénétrant dans l'intimité physique (toilette, hygiène) ou psychique de l'enfant. Il se développe une complicité érotique de la mère vis-à-vis de son enfant (séduction incestueuse). L'interdit de l'inceste, la loi existent, mais on peut toujours faire avec, « cela doit se pouvoir négocier ».

La place du père est particulière. Il est reconnu en tant qu'instance symbolique, dépositaire au titre de la loi de l'interdit, mais il n'apparaît pas dans la parole de la mère. Le père, souvent gros travailleur et absent, absorbé par sa vie professionnelle, peut alors développer une rigidité caricaturale que l'enfant perçoit comme inconsistante; l'absence de formulation claire par le père de l'interdit de l'inceste sera ressentie comme une connivence silencieuse paternelle, d'un père « pour la scène [21] ». On pourrait dire que « la mère et l'enfant font bon ménage » et que le père, bien que présent, est disqualifié dans sa fonction symbolique. Il y a tout à la fois *connaissance et disqualification de la fonction paternelle*.

Cette recherche de l'enfance, marquée par ce manque de présence paternelle, réelle et/ou symbolique, se rencontre dans la pédophilie: être père auprès des enfants, les siens et/ou ceux des autres. C'est ainsi qu'à côté de la déviance sexuelle, le pédophile peut être un bon père de famille ou encore énoncer des conseils éducatifs. Certaines pages d'écrivains pédophiles célèbres en regorgent. Son rêve d'adulte est de paterner, à sa manière, un enfant à qui il est persuadé de faire du bien ; le pédophile « ami des enfants » est loin d'être toujours violent. Cependant, on trouve dans cette relation, sous cet aspect d'amour, un climat d'emprise et de confusion, confusion des sexes et des générations.

21. Serge André, conférence Lausanne 1999, *ibid.*

Ainsi, le pervers connaît la loi, l'autorité et l'interdit, mais il les juge comme étant des conventions de façade, une comédie à laquelle il prend part tout en dénonçant sa facticité. Il sait ce qu'il en est, mais, pour lui, tout ceci est artificiel et sa vérité n'est pas là. Le « Surmoi » est absent, d'où l'absence de honte, de remords et de culpabilité, le « moi » étant trop faible pour endiguer la force des pulsions, en particulier sexuelles. Il franchit les interdits, transgresse volontairement la loi, ignore l'éthique et *c'est en transgressant la loi qu'il la reconnaît, transgression qui procure une jouissance d'autant plus grande.*

Cette coexistence de deux affirmations contradictoires fait du pervers un argumentateur, un débateur redoutable, un manipulateur dans les institutions, interrogeant en particulier sans arrêt sur la vérité, le règlement et sur la position de chacun des membres de l'institution par rapport à celui-ci. Il possède un don très développé pour dresser les gens les uns contre les autres, repérer les points faibles de chacun, les exploiter à ses fins.

Car le pervers vit d'abord « le primat de la jouissance ». Ce qui l'anime, c'est de jouir, de jouir de l'autre, sous la contrainte et la force s'il le faut, de l'intégrer dans son scénario, d'inscrire l'enfant dans une complicité, de le « vampiriser » en quelque sorte. *Il ne s'agit plus de désirer, il s'agit de jouir.* Si l'énergie du névrosé est le désir, le carburant du pervers est la jouissance.

Les failles narcissiques et la fixation à la position infantile *à un stade de développement psychoaffectif immature* sont également des facteurs constitutifs de la pédophilie. Il en découle *la peur de grandir* ou d'avancer en âge et de quitter ce paradis. Le sujet pédophile est souvent enclin à se sentir dévalorisé, humilié, amoindri, pouvant aller jusqu'à une véritable faillite de l'estime de soi. Les spécialistes des prises en charge de ces abuseurs sexuels insistent sur ces failles narcissiques et sur les carences affectives vécues par ces personnes, avec cette recherche de l'enfant innocent pour tenter de cicatriser ces blessures. Cette *infantilisation* est d'une grande actualité [22].

La personne reste dans une immaturité psychoaffective, qui ne lui permet pas d'acquérir une masculinité ou une féminité épanouies. La difficulté d'accéder au monde adulte – en particulier pour l'homme confronté aux femmes jugées menaçantes et à la peur de ne pas arriver à échapper à l'emprise maternelle – entraîne que sa sexualité sera la fréquentation des enfants et la persistance de l'intérêt pour les enfants au cours de l'adolescence.

Dans l'enfant, le pédophile recherche l'enfance perdue et plus précisément sa propre enfance, quête narcissique d'une reconstruction, certes, mais aussi fixation et non pas désir de grandir. L'adulte est attiré par l'enfant et cet enfant, c'est lui. Dans cet attrait, on observe un mélange de tendresse et de sexualité, attrait qui renvoie à l'enfance ; cet enfant qu'il séduit serait une réparation de sa propre enfance. Le pédophile peut répéter des actes, des comportements, des attitudes

---

22. « Nous sommes entrés, sans nous en apercevoir, dans une véritable idolâtrie de l'enfant, dans "l'infantolâtrie", dans l'infantilisation générale du monde. Les enfants s'habillent comme des adultes pendant que les adultes s'empiffrent de bonbons et jouent comme des enfants – les uns et les autres se disputant les commandes de la console de l'ordinateur familial. L'idéal aujourd'hui, c'est de rester enfant, et non plus de devenir un adulte. Et, de plus en plus, c'est une certaine représentation imaginaire de l'enfant qui fait la loi. C'est l'enfant mythique dont la statue s'élève au rang d'idole à mesure même que les adultes déchoient de leur piédestal, démissionnent de leur fonction et s'infantilisent à qui mieux mieux. » L'auteur conclut sa conférence par ses mots : « Ce mouvement, que j'ai désigné comme "l'infantolâtrie" de l'époque, ne risque-t-il pas de nous mener vers une forme de pédophilie généralisée et triomphante ? Cette hypothèse pourrait bien, en tout cas, expliquer les manifestations d'effroi et de panique que le pédophile soulève aujourd'hui dans notre société. Cet effroi ne serait-il pas finalement l'effroi devant la révélation de la signification de notre propre idéalisation de l'enfance ? » Serge André, conférence Lausanne 1999, *ibid.*

dont il a lui-même été victime : enfants comme objets de sollicitudes ou de violences qu'ils répéteront plus tard.

Les traumatismes sexuels de l'enfance sont, en effet, présents dans un tiers des cas de pédophilie (et certaines études américaines parlent d'un cas sur deux), antécédents qui peuvent être responsables ultérieurement de difficultés relationnelles graves avec les adultes. L'agression sexuelle aura des effets d'autant plus dévastateurs qu'elle se produit dans le jeune âge, par des personnes du milieu familial, des proches, des personnes ayant autorité, et que cette agression perdure.

Reproduire sur un autre enfant ce qu'il a vécu lui-même est, pour le pédophile, *une tentative de rejeter à l'extérieur la souillure subie qui l'habite pour faire table rase de ce passé de souffrance*. En répétant ces gestes, il se met à la place de son agresseur, dans une tentative de maîtriser ce qu'il n'avait pas maîtrisé en étant lui-même une victime, tentative qui ne peut être qu'un échec. Il s'inscrit alors dans un scénario de répétition qui n'amènera aucun soulagement, d'autant plus que l'enfant qu'il agresse n'est personne d'autre que lui-même blessé.

Les autres hypothèses de la pédophilie sont encore mal étayées

Les hypothèses hormonales s'appuient sur les recherches sur la testostérone, l'hormone mâle, tendant à définir son rôle dans les comportements sexuels déviants, avec deux axes de recherche : l'intervention de la testostérone dans le comportement sexuel d'une part et dans l'agressivité d'autre part.

Le rôle de la testostérone dans l'activité sexuelle est complexe. S'il est certain que des taux normaux d'hormone mâle sont nécessaires pour avoir une activité sexuelle adéquate, il n'existe pas de corrélation évidente entre l'élévation des taux de la testostérone d'un côté et une augmentation de la libido et une hypersexualité de l'autre. Les mêmes questions se posent au niveau des relations entre la testostérone et l'agressivité. Le lien entre l'augmentation des taux de testostérone et l'hyper-agressivité paraît possible, mais n'est pas clairement ni définitivement établi.

Les hypothèses génétiques sont une impasse et il est clair que l'immense majorité des sujets ayant des anomalies chromosomiques ne sont pas des délinquants sexuels.

Les hypothèses biologiques portant sur l'intervention des neuromédiateurs dans la régulation du comportement sexuel et dans le contrôle de la sécrétion des hormones mâles n'ont rien amené de décisif, même s'il est notoire que certains médicaments modifient le comportement sexuel.

c. Traitement de la pédophilie

Le traitement de la pédophilie s'articule autour de deux objectifs fondamentaux : essayer de modifier la psychodynamique du déviant sexuel et atténuer sa souffrance et, par ailleurs, empêcher la récidive.

Peut-on parler de guérison en cas de pédophilie ?

On entend souvent dire : « On ne guérit pas de la pédophilie : ils récidivent toujours. » Cependant, encore faut-il différencier les actes de la structure psychologique sous-jacente : une structure psychologique de type pervers, et plus encore psychopathique, est inscrite. On ne guérit pas une organisation psychologique, il faut la gérer et contenir les manifestations pathologiques. Cette formulation est évidemment plus facile à écrire qu'à réaliser.

Il faut donc à l'évidence tenir compte du pédophile et du type de passage à l'acte. Mais, de toute façon, il subsiste une fragilité avec un risque de récidive. Le passage à l'acte a produit un effet de frayage, le chemin est tracé, balisé, il faut surtout éviter de l'emprunter à nouveau. Il sera donc nécessaire par exemple de mettre en place des mesures de sauvegarde, comme s'interdire toute approche d'enfant sur un mode d'attachement affectif.

L'évaluation clinique initiale est donc d'une importance considérable avec, comme premier objectif, de distinguer les éléments de la personnalité du pédophile, l'association à d'autres perversions et troubles de la personnalité et particulièrement les traits signant le trouble antisocial et psychopathique.

La démarche de soins

La motivation du patient est bien évidemment le premier point à évaluer. Un grand nombre de pédophiles nient l'existence de la pédophilie, nous l'avons vu, mais aussi son caractère maladif. « Ce n'est pas une maladie, c'est un état, ça ne se soigne pas, ça se contrôle », disait un jour l'un d'entre eux ; il était au demeurant un pédophile actif, qui ne contrôlait rien du tout, pas même ses longues heures passées sur Internet. Si le (ou les) passage(s) à l'acte pédophile a conduit l'agresseur à être confronté d'emblée à la justice, cette confrontation peut être salutaire en lui permettant de se confronter au problème de la dénégation et de réfléchir à la gravité des faits reprochés.

Le deuxième point est le cadre des soins : s'agit-il d'une démarche personnelle ou d'une injonction de soins ? L'injonction de soins ne doit pas être proposée comme une alternative à une sanction pénale. La loi peut avoir un effet dissuasif qu'il ne faut pas négliger.

Les volets de l'action thérapeutique sont de trois ordres : psychothérapies, thérapies cognitivo-comportementales et traitement hormonal.

1. Les psychothérapies peuvent être individuelles ou en groupe. Les psychothérapies de groupe sont très utilisées outre-Atlantique dans le cas des déviations sexuelles. La France est en retard sur ce sujet. L'effet bénéfique porte sur l'amélioration des relations interpersonnelles, une revalorisation de son image et une plus grande affirmation de soi.

2. *Les thérapies cognitivo-comportementales* sont également très utilisées aux États-Unis et au Canada. Ces techniques font appel à un matériel d'éducation sexuelle dont la visée est triple : accroître les connaissances sur la sexualité normale, pour corriger les conceptions erronées ; favoriser l'activité sexuelle non déviante (images ou vidéos érotiques par exemple) ; associer des sensations de déplaisir aux stimuli sexuels déviants.

3. *Le traitement hormonal* a pour but de contrôler les pulsions sexuelles et les passages à l'acte pédophiles. Les traitements hormonaux proposés aboutissant à ce qu'on appelle « une castration chimique [23] ».

Le but est l'abaissement du taux de testostérone dans le sang. Les traitements proposés ont deux mécanismes d'action différents : soit inhiber les effets des hormones mâles, soit diminuer leur sécrétion. Le problème majeur est la réapparition des comportements déviants à l'arrêt du traitement. Ce traitement hormonal doit durer plusieurs années, au minimum trois à cinq ans, disent les experts. Comment et quand l'arrêter ? De toute façon, l'arrêt doit être progressif, avec le risque de récidive que l'on connaît.

---

23. En France, la Haute Autorité de Santé (HAS) a récemment émis des recommandations face aux délinquants sexuels pédophiles. La psychothérapie reste la clé de voûte de la prise en charge ; celle-ci peut être conçue comme un accompagnement médico-psycho-éducatif associant l'intervention d'une équipe de santé et d'une équipe socio-éducative. Mais cela n'exclut pas l'association à un traitement pharmacologique. Les deux traitements hormonaux anti-androgéniques qui ont une autorisation de mise sur le marché (AMM) en France pour les hommes adultes ayant des comportements sexuels déviants sévères doivent être prescrits après information complète (en particulier sur leurs effets secondaires) et consentement de la personne.

d. La prise en charge de l'enfant victime

La protection de l'enfant est la priorité absolue. Nous ne sommes plus à l'époque de la suspicion première, mais bien plutôt de se placer d'emblée du côté de la victime et du plus faible [24].

Cependant, la situation peut être complexe. S'agit-il de faits précis ou non ? La démarche doit-elle être faite auprès des instances de police (ou gendarmerie) ou du procureur comme dans le premier cas ? Doit-elle concerner le service de protection de l'enfance, le service social de l'hôpital, comme dans le second ? Il faut rapporter les propos de l'enfant en sachant que jusqu'à la condamnation de l'agresseur, ce dernier est présumé innocent.

Il s'agit aussi d'aider l'enfant lors de la révélation des faits. Chacun peut être confronté à cette situation et il faut savoir ne pas la gérer seul, s'entourer de personnes compétentes. Les implications sont très nombreuses : médicales, psychologiques, sociales, juridiques. Des équipes spécialisées pluridisciplinaires sont aujourd'hui formées à ces prises en charge, mais trop peu nombreuses. La première décision à prendre est d'isoler la victime de l'agresseur. Lorsque les faits ne sont pas évidents d'emblée, cela est peut-être moins simple qu'il ne paraît.

Au-delà des mesures d'urgence, il faut accompagner la victime dans un travail de reconstruction le plus rapidement possible alors que, dans un passé encore récent, ce travail n'était, parfois, entrepris que bien des années plus tard. L'enfant doit pouvoir exprimer sa blessure, ses émotions et ses sentiments, en particulier celui d'être sali, souillé. Il nous faut l'aider à rebondir grâce au travail de résilience, l'aider à retrouver la confiance dans les adultes et la confiance dans le tissu relationnel, l'aider à se projeter dans l'avenir. Mais

---

24. La question de l'enfant victime d'agressions sexuelles est développée dans le 5e chapitre.

cela ne se fait pas tout seul et des supports relationnels sont nécessaires.

Tout cas est particulier et les mesures à mettre en place évidemment variables. Elles ont en commun de libérer la parole pour l'enfant, mais aussi pour la famille. Celle-ci est le premier support de l'enfant, mais elle-même doit pouvoir aussi dire son désarroi, sa souffrance parce qu'elle peut être totalement désorganisée.

L'accompagnement de la victime lors de la procédure judiciaire, s'il y en a une, est un point très important. L'intervention de la justice peut être bénéfique pour la victime, mais elle peut être source d'angoisse : craindre que sa parole ne soit pas entendue et mise en doute, être à nouveau confronté à l'agresseur. Parfois, la révélation est si tardive que les faits sont prescrits et ce travail de reconstruction ne peut alors plus s'appuyer sur la justice.

e. L'attitude sociale et médiatique par rapport à la pédophilie : de l'insouciance, la complaisance ou même le prosélytisme au bouc émissaire

Haro sur le pédophile, crient aujourd'hui la société et les médias. Ceci témoigne d'une évolution importante et heureuse par rapport aux victimes. Au cours des années 2009 et 2010 (et encore aujourd'hui, chaque fois que cela est rendu possible par la révélation d'un nouveau fait), la cible préférentielle a été l'Église catholique. Ce n'est plus l'heure de nier ou d'ignorer ces faits terrifiants et le pape Benoît XVI a qualifié la pédophilie de « crime exécrable ».

Il est cependant intéressant de noter combien le traitement du sujet par les médias diffère selon l'auteur des actes pédophiles et suivant l'époque. Il est nécessaire de jeter un regard sur les cinquante dernières années, car le climat d'alors, par rapport à la pédophilie, n'était pas celui de l'aversion et du regard d'horreur d'aujourd'hui. Il est vrai qu'entre-temps, des affaires telles que celle de Marc Dutroux [25] ou de Michel Fourniret [26] nous ont donné une image de pédophiles qui a fait d'eux des criminels ou des pervers sadiques ; or, tous les pédophiles ne le sont pas.

Serge André posait à Lausanne une question tout à fait pertinente : « Pourquoi tant de surprise et d'indignation ? On dirait que l'on découvre tout à coup l'existence d'une forme de sexualité que l'on aurait ignorée depuis toujours. Tout a l'air de se passer comme si on ne savait pas, ou plutôt comme si l'on n'avait pas voulu savoir. Pourtant, il n'y a pas si longtemps, la pédophilie, et même l'inceste, bénéficiaient dans le public d'un accueil relativement neutre et même parfois bienveillant. Il suffit, pour s'en convaincre, de se reporter à

---

25. « L'affaire Dutroux » renvoie à une affaire criminelle qui a eu lieu en Belgique dans les années 1990, et qui a connu un retentissement planétaire. Marc Dutroux (Belge, né en 1956) a été arrêté en 1996 après une nouvelle tentative d'enlèvement, accusé et condamné pour des faits d'enlèvements, de séquestration, de viols et d'assassinats sur huit victimes, des enfants et de jeunes adolescentes, de séquestration de deux jeunes adolescents et d'assassinat d'un de ses complices. Il a été condamné à la réclusion à perpétuité et à une peine de dix années de mise à la disposition du gouvernement (peine permettant au gouvernement de le garder en prison en cas de libération conditionnelle). Son ex-épouse a été condamnée à trente ans de réclusion, un de ses complices à vingt-cinq ans. Cette affaire avait également permis de mettre au grand jour des rivalités policières et des dysfonctionnements graves de la justice belge. Il s'en est suivi de grandes manifestations populaires dont « la marche blanche » d'octobre 1996 et qui dure encore en 2011.

26. Michel Fourniret (Français, né en 1942) est un violeur et un tueur en série. Arrêté en Belgique après une tentative d'enlèvement, il a avoué neuf meurtres commis entre 1987 et 2001, mais il est soupçonné de plusieurs autres. Certains de ses actes ont visé des jeunes filles mineures, dont trois âgées de moins de quinze ans, crimes pédophiles. Il a été condamné à la réclusion criminelle à perpétuité incompressible pour cinq meurtres et deux assassinats de jeunes filles. Sa femme Monique, accusée de meurtre et de complicité, a été jugée en même temps que lui et condamnée à la réclusion criminelle à perpétuité assortie d'une période de sûreté de vingt-huit ans.

la presse des années 70 et 80. Qu'on me permette de rappeler l'indulgence amusée, voire admirative, avec laquelle critiques littéraires et présentateurs de télévision accueillaient les déclarations de René Schérer [27], lequel pouvait écrire, dans le journal *Libération* du 9 juin 1978 : "L'aventure pédophilique vient révéler quelle insupportable confiscation d'être et de sens pratiquent à l'égard de l'enfant les rôles contraints et les pouvoirs conjurés" (cité par Guillebaud in *La Tyrannie du plaisir*, p. 23). »

Deux auteurs occupent une place particulière dans la littérature pédophile : Gabriel Matzneff qui a exposé dans plusieurs livres (dont *Les moins de seize ans* publié en 1974) ses goûts pour les « jeunes personnes », garçons et filles mineurs, mais pubères, avant de livrer quelques confessions nettement plus scandaleuses au moment de la médiatisation de la pédophilie, et par ailleurs Tony Duvert (1945-2008), exemple remarquable d'écrivain pédophile déclaré et prosélyte, qui fut en son temps encensé par la critique pour son roman, publié en 1973, *Paysage de fantaisie*, qui reçut le prix Médicis de cette même année. Ce roman mettait en scène les jeux sexuels entre un adulte et des enfants.

Le militantisme pédophile de Tony Duvert se manifestera de façon encore plus nette quand il défendra « le droit des enfants à disposer de leur libre sexualité à l'encontre des contraintes et des privations que leur impose "l'organisation familiale" », convictions qu'il exprime particulièrement dans trois autres livres : *Le Bon Sexe illustré*, publié en 1974, en tête de chapitre du livre se trouve reproduite la photographie d'un jeune garçon d'une dizaine d'années en érection ; puis *Quand mourut Jonathan*, nouveau roman publié en 1978, qui retrace l'aventure amoureuse d'un artiste d'âge mûr avec un petit garçon de huit ans. Ce livre est salué dans le journal

27. René Schérer, philosophe français qui fut proche du FHAR (front homosexuel d'action révolutionnaire).

Le Monde du 14 avril 1976 : « Tony Duvert va vers le plus pur »… et enfin *L'Enfant au masculin* en 1980.

À la mort de l'écrivain, certains commentaires vont dans le même sens. Ainsi, l'écrivain François Nourissier se souvient, au moment de la mort de l'écrivain [28] : « La période d'innocence qui s'offrait aux artistes dans les années 70 est révolue : on ne peut plus parler librement de ces choses en ce moment. » Quelle innocence ? Peut-on parler d'innocence quand on est dans la perversion ?

Jean-Claude Guillebaud [29] considère le parcours de Tony Duvert dans les années 1970 comme symptomatique d'une certaine complaisance du monde intellectuel de l'époque vis-à-vis de la pédophilie :

> « Il y a encore une quinzaine d'années, on n'avait pas pris conscience de la tragédie qu'est la pédophilie. Cette violence grave faite à l'enfant, on en parlait avec une espèce *d'insouciance irresponsable. Presque de la tolérance* : un écrivain comme Tony Duvert qui racontait des histoires d'amour entre un quinquagénaire et un garçon de huit ans a été couronné par le prix Médicis, alors qu'en même temps, il faisait une espèce de prédication pédophile dans la presse. Il appelait ça "l'aventure pédophile", et on trouvait ça à peu près normal. Un écrivain, Gabriel Matzneff, pouvait écrire un livre qui s'appelait *Les moins de seize ans* et être invité à la télévision chez Bernard Pivot sans que ça fasse scandale. Cela faisait partie d'une pieuse dévotion un peu nostalgique, on ne devait pas soulever les questions d'interdit. Je pense que c'est une grande part d'irresponsabilité. »

Les années 1970 et le début des années 1980 virent encore l'émergence d'un activisme pédophile patent. Divers mouvements furent créés. Un des plus célèbres est le *Childlove*. Ce

---

28. Cité dans l'article du 22/08/2008 paru dans plusieurs articles dont le blog « les irreguliers.unblog.fr ».

29. « Sexe et morale » : interview de J.-C. Guillebaud, archives de « oeil. électrique.free.fr ».

mouvement dénonçait le classement de la pédophilie dans la liste des maladies et militait activement contre l'idée que les enfants n'ont pas la capacité à consentir à une relation sexuelle [30].

Que s'est-il passé entre ces années « post-soixante-huitardes » et le temps qui est le nôtre ?

– **La levée du refoulement et de l'oubli** de ce que nous ne voulions pas (sa)voir, c'est-à-dire les pulsions agressives et sadiques qui sont une composante de l'être humain. Et cette pulsion peut s'exprimer dès l'enfance. Il suffit de voir le traitement que certains enfants imposent à leurs jouets ou tout au moins ce qu'il en reste. A-t-on oublié que la fête de saint Nicolas rappelle le miracle d'enfants revenus à la vie après avoir été découpés en morceaux par un boucher ? Et que dire de certains contes pour enfants ?

– **La fin de l'insouciance irresponsable** dont parle Jean-Claude Guillebaud, de cette période de libération sexuelle au cours de laquelle il fallait se détacher de toute contrainte, être « moderne et désinhibé ».

– **« L'infantolâtrie »** qui désigne l'infantilisation générale du monde, l'enfant-roi, nous avons déjà abordé ce sujet.

– **La prise en compte de la parole de l'enfant.** Lorsqu'il parle de viol ou d'inceste, l'enfant ne rencontre plus un renvoi à plus tard ou un appel à se taire agrémenté de menaces, l'incrédulité ; il n'est plus taxé d'affabulation ; on ne prétend plus que l'agression est le fruit d'attitudes provocantes de sa part. Il est davantage écouté (les policiers reçoivent une formation spéciale pour ces affaires) et sa parole est entendue.

---

30. Un parti politique avait même été créé en 2006 aux Pays-Bas, le NVD, dont la devise était « Amour du prochain, liberté, diversité », prônant entre autre l'abaissement de 16 à 12 ans de l'âge légal pour des relations sexuelles, ainsi que la légalisation de la pornographie enfantine, du sexe entre adultes et mineurs et de la zoophilie…

– **La fin de la méconnaissance des ravages psychologiques chez l'enfant suite aux relations sexuelles avec des adultes.** Ce n'est que très progressivement, dans la mesure où la parole de l'enfant a enfin été écoutée et entendue que cette méconnaissance, cette surdité et cet aveuglement, ce refoulement ont été levés, essentiellement au cours des années quatre-vingts, ce qui est récent.

La victime connaît en effet une déstructuration psychologique profonde parce que l'adulte, qui doit donner à l'enfant la confiance et la sécurité – et on sait leur importance dans le climat éducatif –, est devenu l'agresseur. De plus, l'adulte adopte une conduite d'emprise et de mensonge sous le couvert de faire des choses pour l'enfant, et ceci est d'autant plus grave que ces personnes représentent une autorité ou une forte charge symbolique.

C'est ainsi que nous retrouvons fréquemment des antécédents d'abus sexuels de l'enfance dans les dépressions de l'adolescence, les suicides, les conduites addictives, en particulier l'alcool, les troubles des conduites alimentaires dont la boulimie, les conduites à risques.

Mettre le pédophile en position de bouc émissaire [31], criminaliser tout acte pédophile, permet également, peut-être, à la société de se dédouaner de toutes les pratiques sexuelles déviantes qui font florès aujourd'hui, ce qui aboutit à cette proposition : notre vie sexuelle relève du domaine privé, faisons ce que bon nous semble, tout et n'importe quoi. Le bouc émissaire est celui (ou celle) qui est désigné par le

---

31. La fonction de « bouc émissaire » (du latin ecclésiastique *caper emissarius* (« le bouc envoyé, lâché ») est parfaitement décrite dans le troisième livre de la Bible : le Lévitique, au chapitre 16. Elle correspond à l'origine à un rite expiatoire annuel, le jour du grand pardon ou *Yom Kippour*. Le grand prêtre prenait deux boucs, puis les tirait au sort. L'un était directement sacrifié à Dieu, tandis que l'autre était envoyé dans le désert, emportant toutes les iniquités commises par le peuple.

groupe comme devant endosser un comportement social que ce groupe souhaite évacuer. L'exclusion du bouc émissaire, sa condamnation, sa punition permettent au groupe d'apaiser ses tensions internes, de se démarquer et de trouver une issue à l'intolérable. Quel sera le bouc émissaire suivant ? On sait, en effet, que ce mécanisme perdure en changeant de forme ou de victime, mais qu'il se reproduit comme s'il fallait au groupe une fonction régulatrice pour lui permettre de fonctionner. Le sacrifice du bouc émissaire apparaît comme un régulateur du lien social [32].

Cependant, la frontière entre ce qui est dit normal et pathologique n'est pas aussi facile à tracer qu'on pourrait le croire. Une enquête, une fois encore américaine, chez des étudiants ne présentant pas de déviance sexuelle ou de trouble psychiatrique connu, montre que 15 à 20 % des étudiants de sexe masculin et 2 à 3 % des étudiantes aimeraient avoir une relation sexuelle avec un enfant si cela n'était pas puni par la loi et que 40 % des étudiants de sexe masculin disaient qu'ils pourraient violer une femme si cela n'était pas signalé ni puni par la loi. Ceci donne matière à réflexion et permet de ne pas voir le monde de façon dichotomique, où le bien et le mal seraient séparés par une frontière étanche.

f. La pédophilie et la loi française : repères juridiques

En droit français, le terme de pédophilie n'apparaît pas dans les codes et règlements du droit et de la justice : les termes utilisés pour décrire l'infraction de relations sexuelles entre un majeur et un mineur sont l'« atteinte sexuelle » pour une relation avec consentement de l'enfant, l'« agression sexuelle ou viol » lorsque le consentement n'est pas reconnu. L'âge limite du mineur qui caractérise l'infraction sexuelle

32. Cf. les travaux de René Girard.

est de quinze ans, dix-huit ans si le majeur est une personne ayant autorité sur le mineur (professeur, parent, éducateur, prêtre...).

Sous le terme d'agression sexuelle, on retrouve donc différents actes, délits ou crimes, qui seront traités en justice selon leur nature et leur gravité.

Dans tous les cas, pour le viol et les autres agressions sexuelles, des circonstances aggravantes sont définies par la loi, lorsque l'agression est commise :

– sur un mineur de moins de 15 ans ;

– sur une personne vulnérable, en raison de son âge, d'une maladie, d'une infirmité ou d'une déficience physique ou psychique ou d'un état de grossesse ;

– par un ascendant légitime, naturel ou adoptif (inceste) ou par toute autre personne ayant autorité sur la victime ;

– par une personne qui abuse de l'autorité que lui confèrent ses fonctions ;

– avec menaces ou usage d'une arme ;

– par plusieurs personnes agissant en qualité d'auteurs ou de complices (viol collectif) ;

– et lorsque l'agression est accompagnée de tortures ou qu'elle a entraîné mutilation, infirmité ou mort.

La loi et les agressions sexuelles

Le viol consiste, selon l'article 222-23 du code pénal, en tout acte de pénétration sexuelle de quelque nature qu'il soit, commis sur une personne par violence, contrainte, menace ou surprise.

Cela concerne aussi bien les actes de pénétration vaginale ou anale, au moyen d'un organe sexuel, d'un doigt ou d'un objet, que des actes de pénétration buccale par un organe sexuel.

La victime d'un viol dispose d'une durée de dix ans pour porter plainte.

Au-delà, il y a prescription (aucune poursuite n'est plus possible). Si le viol a été commis alors que la victime était mineure au moment des faits, la prescription se compte à partir de la majorité de celle-ci et elle a été portée à vingt ans par la loi n° 2004-204 du 9 mars 2004 : la victime peut donc, dans ce cas, porter plainte jusqu'à l'âge de trente-huit ans.

Le viol est passible de la Cour d'assises et puni de quinze ans de réclusion criminelle. La loi prévoit, dans l'article 222-24, plusieurs circonstances aggravantes, notamment lorsqu'il est commis sur un mineur de moins de quinze ans, lorsque l'auteur est un ascendant légitime naturel ou adoptif, lorsque l'auteur a autorité sur la victime ou abuse de l'autorité que lui confèrent ses fonctions, ou encore lorsque le viol est commis par plusieurs personnes agissant en qualité d'auteurs ou de complices. Dans ces cas, la peine peut aller jusqu'à vingt ans de réclusion criminelle. Si le viol est accompagné de tortures et d'actes de barbarie, il est puni de la réclusion criminelle à perpétuité.

La loi n° 2010-121 du 8 février 2010 a inscrit **l'inceste** commis sur les mineurs dans le code pénal, il relève donc de la Cour d'assises.

Les autres agressions sexuelles relèvent du tribunal correctionnel. Il s'agit de toutes les atteintes sexuelles commises avec violence, contrainte, menace ou surprise, sans acte de pénétration sexuelle (article 222-27). Les agressions sexuelles autres que le viol ont une durée de prescription de trois ans.

Cependant, si la victime était mineure au moment des faits, la prescription de trois ans se compte à partir de la majorité de la victime et elle est portée à dix ans en cas de circonstances aggravantes.

La peine prévue est de cinq ans d'emprisonnement et 75 000 euros d'amende, portée à sept ans d'emprisonnement et 100 000 euros d'amende lorsque la victime est âgée de moins de quinze ans (article 222-29).

Si, dans ce dernier cas, l'auteur est un ascendant légitime naturel ou adoptif, une personne ayant autorité sur la victime ou ayant abusé de l'autorité que lui confèrent ses fonctions, ou si l'agression a été commise par plusieurs personnes agissant en qualité d'auteurs ou de complices, la peine sera de dix ans d'emprisonnement et 150 000 d'euros d'amende (article 222-34).

Les atteintes sexuelles consistent dans le fait, par un majeur, d'exercer sans violence, contrainte, menace ni surprise une atteinte sexuelle sur la personne d'un mineur de moins de quinze ans ; elles sont punies de cinq ans d'emprisonnement et 75 000 euros d'amende (article 227-25) et de dix ans d'emprisonnement et 150 000 euros d'amende lorsque l'auteur est un ascendant légitime, naturel ou adoptif, ou une personne ayant autorité sur la victime (article 227-26).

Lorsque la victime mineure est âgée de plus de quinze ans et non émancipée par le mariage, les mêmes faits sont punis de deux ans d'emprisonnement et 3 000 euros d'amende s'ils sont commis par un ascendant légitime naturel ou adoptif, une personne ayant autorité sur la victime ou ayant abusé de l'autorité que confèrent ses fonctions (article 227-27).

Il est très important de noter que l'adulte ne peut se prévaloir du consentement de la victime pour s'exonérer de sa responsabilité pénale.

La corruption de mineur est évoquée dans l'article 227-22 : le fait de favoriser ou de tenter de favoriser la corruption d'un mineur est puni de cinq ans d'emprisonnement et 75 000 euros d'amende. Ces peines sont portées à sept ans d'emprisonnement et 100 000 euros d'amende, notamment lorsque le mineur est âgé de moins de quinze ans ou que les faits sont commis à l'intérieur d'un établissement scolaire ou éducatif.

g. L'Église et la pédophilie

L'Église de France a opéré une forte prise de conscience en 2000 à la suite d'un cas grave de pédophilie et de la condamnation d'un évêque pour ne pas avoir révélé des faits pédophiles dont il avait eu connaissance. La conférence des évêques de France a pris une position clairement définie de collaboration avec la justice, et non pas la loi du silence comme cela prévalait jusqu'alors [33]. En France, trente-cinq

33. La Conférence des évêques de France a par ailleurs réédité en octobre 2010 le document *Lutter contre la pédophilie, Repères pour les éducateurs*, que l'on consultera avec beaucoup d'intérêt.

prêtres ont été accusés d'actes de pédophilie (sur 16000 prêtres) ces dernières années [34].

La question du lien entre le célibat du prêtre et la pédophilie a été posée. Rien ne confirme ce lien. Il y a davantage de pédophiles mariés que célibataires. Une étude précise, menée par Nicole Jammet auprès de prêtres orthodoxes mariés ou de pasteurs, donne le même résultat. Le problème est de trouver dans le célibat source d'épanouissement et de fécondité et soutenu par une vie de prière fidèle et prolongée. Nous avons vu que l'origine psycho-dynamique de la pédophilie se situe en deçà de l'œdipe. Ce n'est donc pas au niveau de l'interdit de vivre sa sexualité dans un lien conjugal que se situe le problème, c'est au niveau des difficultés du développement psychoaffectif et de ses fragilités.

Les graves problèmes de pédophilie qui ont fait surface dans les années 2009-2010 (États-Unis, Allemagne, Autriche, Irlande...) ont conduit l'Église à réaffirmer son souci de transparence. Depuis avril 2001, tous les cas, après avoir été traités au niveau du diocèse, sont transmis à Rome au niveau de la Congrégation pour la Doctrine de la Foi, alors qu'il revenait auparavant à la Congrégation pour le Clergé de s'occuper de ces cas.

Le *motu proprio Sacramentorum Sanctitatis Tutela* du 30 avril 2001 complété par le guide du 12 avril 2010 donne les procédures notifiées par la Congrégation pour la Doctrine de la Foi (CDF) pour traiter les problèmes de pédophilie. Ce *motu proprio* a été révisé en date du 15 juillet 2010 [35].

---

34. Aux États-Unis, c'est au cours du procès de l'ex-prêtre John Geoghan, de Boston, condamné à dix ans de prison pour avoir abusé sexuellement d'un enfant de onze ans, que le scandale des prêtres pédophiles a éclaté. On connaît la suite. Un rapport publié en 2004 comptabilisait 4392 prêtres ayant abusé sexuellement de mineurs entre 1950 et 2002, ce qui correspondait à 10667 plaintes.

35. *Guide pour comprendre les procédures de la Congrégation pour la doctrine de la foi (CDF) concernant les allégations d'abus sexuels*. Le droit applicable est le *motu proprio Sacramentorum*

Motu proprio Sacramentorum Sanctitatis Tutela du 30 avril 2001 et guide du 12 avril 2010
Révision du _motu proprio_ : 15 juillet 2010
Lettre circulaire du 16.05.2011 aux conférences épiscopales

A. Procédures préliminaires

Le diocèse local examine toute allégation d'abus sexuel sur un mineur de la part d'un clerc.

Si l'allégation a un semblant de vérité, l'affaire est renvoyée à la CDF. *L'évêque local transmet toutes ses informations à la CDF* et donne son avis sur les procédures à suivre et les mesures à prendre à court et à long terme.

Le droit civil concernant la déclaration des crimes aux autorités compétentes doit toujours être respecté.

Durant l'étape préliminaire et avant que l'affaire ne soit conclue, l'évêque peut prendre des mesures de précaution pour protéger la communauté, y compris les victimes. En effet, l'évêque local conserve le pouvoir de protéger les enfants en limitant les activités de tout prêtre dans son diocèse. Cela fait partie de son autorité ordinaire qu'il est encouragé à exercer dans toute la mesure nécessaire, pour s'assurer que les enfants ne soient pas agressés ; ce pouvoir peut être exercé à la discrétion de l'évêque avant, pendant et après toute procédure canonique.

B. Procédures autorisées par la CDF

La CDF étudie le cas présenté par l'évêque local et demande également des informations supplémentaires si nécessaire.

La CDF a un certain nombre d'options :

* *Procédure pénale :*

La CDF peut autoriser l'évêque local à mener un procès devant le tribunal pénal de l'État avant le tribunal de l'Église locale. Dans ce cas, un recours pourrait être adressé à un tribunal de la CDF.

Sanctitatis Tutela du 30 avril 2001 avec le Code de droit canonique de 1983. Il est précisé que le travail de mise à jour du *motu proprio* de 2001 (Jean-Paul II) ne changera pas les procédures définies dans ce guide.

La CDF peut autoriser l'évêque local à mener une enquête devant un délégué de l'évêque local assisté de deux assesseurs. Le prêtre accusé est appelé à répondre aux accusations et à examiner les éléments de preuve. L'accusé a le droit de présenter un recours à la CDF contre un décret le condamnant à une peine canonique. La décision des cardinaux membres de la CDF est définitive.

Si le religieux est jugé coupable, les procédures pénale, judiciaire et administrative au pénal, peuvent condamner un clerc à un certain nombre de peines canoniques, la plus grave étant la réduction à l'état laïque. La question des dommages-intérêts peut également être directement traitée au cours de ces procédures.

* *Cas soumis directement au Saint-Père :*

Dans des cas très graves où un tribunal pénal de l'État a déclaré le clerc coupable d'abus sexuel sur des mineurs ou lorsque la preuve est accablante, la CDF peut choisir de porter l'affaire directement au Saint-Père en demandant au Pape de promulguer un décret ex-officio c'est-à-dire sa réduction à l'état laïque. Aucun recours canonique n'est prévu contre un tel décret papal.

La CDF apporte également au Saint-Père les requêtes des prêtres accusés qui, conscients de leurs crimes, demandent à être dispensés de l'obligation de prêtrise et veulent revenir à l'état laïque. Le Saint-Père accède à ces demandes pour le bien de l'Église (*pro bono Ecclesiae*).

* *Mesures disciplinaires :*

Dans le cas où le prêtre accusé a admis ses crimes et a accepté de vivre une vie de prière et de pénitence, la CDF autorise l'évêque local à publier un décret interdisant ou limitant le ministère public d'un tel prêtre. Ces décrets sont imposés par décision pénale et encourent une peine canonique dans le cas d'une violation des conditions du décret, en n'excluant pas la réduction à l'état laïque. Un recours administratif auprès de la CDF est possible contre ces décrets. La décision de la CDF est définitive.

C. Révision du *motu proprio* : 15 juillet 2010

Une révision de certains articles du *motu proprio Sacramentorum Sanctitatis Tutela*, afin de mettre à jour ledit *motu proprio* de 2001 à la lumière des facultés spéciales accordées à la CDF par Jean-Paul II et Benoît XVI, a été entreprise et a abouti à un texte paru le 15 juillet 2010 et qui comprend 31 articles. Il modifie et complète le *motus proprio* de 2001. Il renforce la compétence de la CDF (au détriment des diocèses locaux).

Le texte prévoit des procédures accélérées qui permettent de procéder par « décret extrajudiciaire » ou encore de présenter au pape, dans certaines circonstances particulièrement graves, les cas de prêtres coupables d'actes de pédophilie, pour un retour immédiat à l'état laïque. En outre, le délai de prescription pour les délits d'abus sexuels passe de dix à vingt ans, avec toujours une possibilité de dérogation au-delà de cette période de temps. Les sévices sexuels à l'encontre de handicapés mentaux seront jugés aussi sévèrement que ceux effectués sur des mineurs. La pédopornographie, c'est-à-dire « l'acquisition, détention et diffusion par un membre du clergé, de toute façon et moyen, de matériel pornographique ayant pour objet des mineurs de quatorze ans au plus », est ajoutée à la liste des délits particulièrement graves.

D. Lettre circulaire de la Congrégation de la Doctrine de la Foi du 16 mai 2011

Le Vatican a rendu publique, le 16 mai 2011, une lettre de la Congrégation pour la Doctrine de la Foi, destinée aux évêques du monde entier, sur la pédophilie. Cette lettre circulaire « pour aider les conférences épiscopales à établir des directives pour le traitement des cas d'abus sexuel commis par des clercs à l'égard des mineurs » demande à chaque Conférence épiscopale de prendre des mesures précises, concernant aussi bien les victimes que les prêtres coupables. Il est demandé aux Conférences épiscopales du monde de préparer d'ici au mois de mai 2012 des directives pour traiter des cas d'abus sexuel. Il en est de même pour les supérieurs majeurs des instituts religieux.

La coopération avec les autorités civiles est clairement définie avec la précision « qu'on suivra toujours les prescriptions des lois civiles en ce qui concerne le fait de déférer les crimes aux autorités compétentes, sans porter atteint au for interne sacramentel ». Cette coopération concerne également les religieux et laïcs travaillant dans les structures ecclésiastiques.

L'attention portée aux victimes est mise d'emblée en avant et l'accent est mis sur la formation des futurs prêtres et religieux et sur la formation permanente du clergé.
La deuxième partie de cette lettre renvoie aux prescriptions de la révision du *motu proprio* du 15 juillet 2010 et aux peines ecclésiastiques qui peuvent être appliquées aux coupables.

2. L'addiction sexuelle

L'hypersexualité est connue depuis l'Antiquité, c'est un fait, mais la dépendance sexuelle, qui est une véritable addiction [36], a été très étudiée ces dernières années du fait de son augmentation exponentielle dans notre société de consommation.

Lorsqu'on évoque l'addiction sexuelle, plusieurs éléments sont constants : la fréquence excessive, croissante et non contrôlée du comportement sexuel, le caractère irrépressible de la pulsion, la souffrance si celle-ci ne peut être satisfaite et les conséquences négatives pour le sujet qui en est atteint [37].

Nous ne sommes pas face à un problème d'identité stricto sensu, mais face à une pathologie qui peut réduire la vie d'une personne à ce seul phénomène de dépendance. Un patient me disait un jour : « Je ne sais plus qui je suis, où j'en suis, de quoi est faite ma vie : tout tourne autour de ça. » Il résumait en une seule phrase ce qu'il vivait, la descente aux enfers qui l'avait conduit à la destruction de sa famille et de sa vie. D'autres encore m'ont dit la nécessité de « la dose quotidienne » et la possibilité de passer des heures, voire des journées entières à la recherche de la satisfaction de l'addiction.

---

36. Le terme d'addiction sexuelle est apparu dans les années 1980. Malgré son caractère obsédant qui pourrait faire penser à un trouble obsessionnel compulsif, cette hypersexualité est plus proche des dépendances.

37. La fréquence de ce trouble est difficile à évaluer, entre 3 et 6 % de la population générale, ce comportement étant essentiellement l'apanage des hommes (5 hommes pour une femme).

a. Pourquoi l'augmentation actuelle ?

Au début des années soixante-dix, alors que se développaient les conduites toxicomaniaques, le Dr Claude Olivenstein [38] a défini le phénomène de drogue comme « la rencontre d'un sujet avec sa personnalité propre ; d'un produit ; et d'un moment socio-culturel (société, culture, contexte) ». Ce modèle « **Bio-Psycho-Social** » renvoie aux aspects biologiques (potentiel addictogène du produit, éventuel antécédent génétique), aux aspects psychologiques (personnalité du sujet) et aux aspects sociaux (contexte, environnement familial, scolaire, etc.). On peut extrapoler à partir de ce modèle même s'il faut adapter les termes.

On sait que toute personne peut, un jour, être le sujet d'une addiction (combien d'addictifs au travail et encore plus à Internet ?). Cependant, il est vrai que certains troubles sont surreprésentés tels que les personnalités limites (personnalités *border line*) d'observation beaucoup plus fréquente qu'autrefois. Par ailleurs, l'hypersexualité est fréquemment associée aux troubles anxio-dépressifs (la moitié ou les deux tiers des sujets selon les enquêtes) et aux comportements addictifs (alcool, psychotropes dans la moitié des cas, troubles des conduites alimentaires) ; il en résulte que *« l'addict » sexuel est plus généralement un « polyaddict »*. On peut retrouver également la notion de conduites addictives dans les familles et, fait à souligner, l'existence d'abus sexuels dans l'enfance chez près des deux tiers des sujets, ce qui montre bien la gravité de la blessure affective chez les enfants abusés.

L'objet de l'addiction – le sexe – peut prendre des formes très variables, on s'en doute, mais le trait commun est la facilité d'accès, dans le monde présent, de tout ce qui peut

---

38. Le Pr Claude Olivenstein fut un des pionniers de la prise en charge des toxicomanes dans les années 1970 et avait fondé en 1971 le centre Marmottan, structure de soins pour les toxicomanes. Il est décédé en 2008.

alimenter les fantasmes sexuels omniprésents (télévision, matériel vidéo, communications téléphoniques, revues…), rencontres avec des personnes (sexe payant ou multiplications des relations extraconjugales), dépendance à des accessoires sexuels ; Internet…

Quant au moment socioculturel, il n'est guère utile d'insister sur la place de la sexualité dans la société actuelle où s'affiche un « pansexualisme » généralisé, fréquent support de bien des messages médiatiques. On assiste à un envahissement des images pornographiques et à « l'industrialisation » du corps de la femme, une dénégation de la condition féminine et de la dignité de la femme.

En résulte une dépendance à la pornographie de plus en plus fréquente et de plus en plus précoce.

b. Qu'est-ce qu'être dépendant ?

La notion de « perte de contrôle », psychique et comportementale, par rapport à l'objet de l'addiction, est au centre de la dépendance [39]. Le comportement devient exclusif, totalitaire, entraînant des dégâts associés : abandon durable des autres centres d'intérêt, personnels, familiaux, scolaires, sociaux ou professionnels. Tout ce qui ne tourne pas autour de l'addiction devient secondaire, accessoire ou abandonné. Pour l'affirmer, l'existence de certains signes permet de mesurer la réalité du problème.

---

39. À la base des dépendances, il y a plusieurs facteurs : neurobiologiques, chimiques (système de récompense, basé sur la Dopamine ; neurones miroirs), psychologiques et comportementaux. Il serait trop long de les développer ici, mais ils expliquent bien les multiples supports de la perte de contrôle. Ainsi, un psychiatre américain, le Dr Satinover, dit que la « dépendance à la pornographie est chimiquement similaire à une addiction à l'héroïne ».

Critères généraux d'une dépendance

Exemple de la dépendance à une substance psychoactive (DSM-IV).

La dépendance se manifeste par l'apparition d'au moins trois des signes ci-après sur une période continue d'un an :

– La tolérance (ou accoutumance) qui se traduit soit par une augmentation des doses pour un effet similaire, soit par un effet notablement diminué en cas d'utilisation continue d'une même quantité de substances ;

– Le syndrome de sevrage en cas d'arrêt de la consommation ou la prise du produit pour soulager ou éviter les symptômes de sevrage ;

– L'incapacité à gérer sa propre consommation, l'usager consomme plus longtemps et davantage de produit qu'il ne le voudrait ;

– La recherche du produit prend un temps de plus en plus important ;

– L'abandon ou réduction des activités importantes, sociales, professionnelles ou de loisirs, en raison de la place que prend le produit dans la vie quotidienne ;

– La poursuite de la consommation malgré la connaissance des problèmes physiques, psychologiques, qu'elle engendre.

Comment repérer la dépendance au sexe ?

Nous pouvons appliquer ces critères à l'addiction sexuelle, tout en modifiant un peu les termes, et on retrouvera chez cette personne plusieurs signes. Ainsi, l'accroissement progressif du temps consacré à l'assouvissement de ses besoins sexuels avec une prise de risque de plus en plus importante (rapports sexuels non protégés et risques infectieux) ; l'impossibilité de ne pouvoir contrôler son comportement sexuel ; la présence de comportements pathologiques (drague répétée, relations sexuelles compulsives ou autoérotisme, usage de pressions et abus de position sociale ou professionnelle pour obtenir des faveurs sexuelles…) ; l'apparition de difficultés conjugales et professionnelles (la satisfaction des besoins sexuels devient prioritaire par rapport à toutes les autres activités familiales ou socioprofessionnelles qui sont négligées) ; le mal-être profond si les pulsions sexuelles ne sont pas assouvies avec apparition de symptômes anxio-dépressifs s'apparentant à ceux observés lors des sevrages de produits chez les sujets dépendant d'un produit toxique.

c. Le cybersexe

Internet est un instrument fabuleux, mais toute médaille a son revers. Le cybersexe – la dépendance à caractère sexuel par la visite de sites pornographiques sur Internet – est de plus en plus fréquent [40] et devient de plus en plus précoce (on sait que les premiers contacts visuels de l'enfant à la pornographie se situent entre huit et dix ans).

L'envahissement de toute l'activité intellectuelle par les fantasmes sexuels et la mise en évidence des conséquences négatives du comportement sexuel se retrouvent ici. Il est certain qu'Internet facilite ces conduites : un seul clic suffit.

---

40. De 6 à 9 % des hommes internautes concernés ; mais certaines enquêtes donnent 20 % des Internautes ! Un tiers des connexions sur le web concerne des sites pornographiques. Le cybersexe représente 70 % des dépenses en ligne. Les sites pornographiques sur Internet représenteraient 12 à 50 % des sites Internet existants. La pornographie concerne 35 % de l'ensemble des téléchargements ayant lieu sur la toile. La télévision n'est pas en reste : des enquêtes montrent que les jeunes Américains, arrivés en fin d'étude, auront passé 12 000 heures sur les bancs de l'école, contre 15 000 en moyenne passées devant les écrans de télévision. L'élève moyen aura regardé 1 400 références sexuelles explicites par an. Selon les mêmes études, 65 % des recherches effectuées par les jeunes d'âge compris entre 10 et 17 ans concernent des sites pornographiques (in Hautefeuille Michel et Dan Vélea, *Les addictions à Internet. De l'ennui à la dépendance*, Payot, 2010).

Des facteurs de personnalité, tels que la timidité et l'introversion, le manque d'affection et de sécurité qui remontent à l'enfance, rendent difficile l'établissement, dans le réel, d'une relation affective saine et épanouissante. Des problèmes relationnels interpersonnels, le stress, les difficultés de couple, la désorganisation de l'environnement social peuvent trouver un semblant d'exutoire dans la solitude face à l'écran. Par ailleurs, on sait que la présence d'une dépression majeure ou plus généralement d'un trouble de l'humeur dans le sens dépressif favoriserait cet usage.

Toute consultation de sites à caractère sexuel pornographique est-elle une situation à risque ?

Il est bien évident que tout dépend de la structuration de la personnalité, de ce qu'elle vit, du contexte et de bien d'autres facteurs. Cependant, mon expérience professionnelle me conduit à répondre par l'affirmative. Et ce pour deux raisons :

– La première est que les sollicitations visuelles s'appuient sur le sens le plus développé chez l'homme, la vue. Les images restent gravées dans notre mémoire, d'autant plus qu'elles sont évidemment connotées émotionnellement. Dans ce cas précis, les images sexuelles sont déformées et, au demeurant, la sexualité normale serait fade pour les visiteurs de ces sites qui recherchent bien autre chose ! L'image transmise de la sexualité est celle de la consommation, la captation et la possession, la négation de l'autre, particulièrement de la femme réduite à l'état d'objet de jouissance, et la violence [41].

---

41. Les études scientifiques sont aujourd'hui formelles sur l'impact d'Internet sur différents domaines dont la violence. Dans son livre (*TV lobotomie. La vérité scientifique sur les effets de la télévision*, éd. Max Milo, 2011, 318 p.), Michel Desmurget, directeur de recherche en neurosciences à l'Inserm, montre que la capacité d'un programme télé ou d'un jeu vidéo à rendre un enfant violent est parfaitement établie. Toutes les études aboutissent au même résultat

– La seconde parce qu'on peut observer l'installation rapide de dépendances sexuelles sur Internet à la suite des toutes premières expériences, suivie d'une attraction de plus en plus importante, voire d'une recherche obsédante vers des sites de plus en plus extrêmes de la sexualité. Les résistances intérieures du début peuvent être rapidement débordées. Pour le cybernaute présentant un comportement addictif sexuel, l'univers sans barrières et sans limites de l'Internet lui offre le choix et la possibilité d'accéder à ses pulsions et à ses fantasmes les plus intimes.

Une escalade, de plus en plus importante, va être le parcours du cyberaddicté au sexe, car, comme dans toute addiction, il y a un phénomène d'accoutumance, c'est-à-dire que pour obtenir la même jouissance, une double spirale se développe, d'une part la fréquence et la longueur des connexions et d'autre part la nécessité d'images toujours nouvelles : toujours plus. Ceci conduit à rechercher des expériences sexuelles de plus en plus intenses et de plus en plus risquées (visites de sites pédophiles, établissement de contacts entre interlocuteurs, échanges de numéros de téléphone et prise de rendez-vous). Dit autrement : plus souvent, plus longtemps, des images de plus en plus fortes et des expériences sexuelles de plus en plus risquées.

Les pratiquants du cybersexe ont généralement, dans la réalité, une sexualité assez pauvre. Bien souvent, il s'agit de conduites d'autostimulation devant l'écran, de sexualité compulsive avec recherches de partenaires multiples et de

---

quel que soit le pays concerné. Cela s'explique par une caractéristique fondamentale du cerveau : l'effet miroir. Si on est confronté à des situations agressives, on va être agressif. Les études par scanner ou IRM ont bien montré que les zones cérébrales activées devant un jeu vidéo violent sont les mêmes que les zones activées en situation de violence réelle. Les effets à long terme des images se font par imprégnation et habituation.

visites répétées de sites pornographiques. Les webcams permettent par ailleurs des échanges visuels que chacun peut imaginer.

Comment dépister une addiction au sexe sur Internet ?

La cyberaddiction peut être découverte de façon tout à fait fortuite (un membre de la famille, parfois un enfant) découvrant les pages pornographiques téléchargées sur l'ordinateur familial.

Cependant, des éléments très précis peuvent permettre à l'internaute lui-même de juger où il en est :

– Être allé sur des sites pornographiques est déjà une situation à risque car cela peut entraîner un intérêt marqué pour les contenus à caractère sexuel ;

– Consultations fréquentes et prolongées de ces sites avec échec des tentatives de contrôler cette fréquence et le temps de ces connections ;

– Recherche d'expériences sexuelles de plus en plus fortes ;

– Utilisation d'Internet à visée de dérivatif aux problèmes sous-jacents ;

– Utilisation de stratégies de camouflage vis-à-vis de l'entourage ou des personnes référentes ;

– Dysfonctionnement au niveau familial, amical, social, professionnel ;

– Subir un préjudice financier important du fait de ces consultations de sites sexuels, prix élevé notamment dans les cybercafés.

Mieux vaut prévenir que guérir

On connaît l'adage, mais il prend ici toute sa valeur.

La prévention débutera dès l'enfance et l'adolescence avec l'éducation sexuelle qui n'est pas simplement de délivrer des informations « techniques », mais surtout de faire passer les valeurs traditionnelles qui animent un être humain au cœur de l'amour : respect du partenaire sexuel et réciprocité ; refus de la violence et de la contrainte ; valeurs morales et maîtrise de soi. Ce langage paraîtra à certains désuet et obsolète. Il faut savoir parler d'amour avant que d'autres ne transmettent à l'enfant et à l'adolescent un tout autre langage, qu'un jour ou l'autre il entendra.

C'est aussi toute la relation à l'outil informatique qui est en jeu. Il est impératif que les parents s'intéressent à ce que l'enfant fait avec l'ordinateur, aux sites visités [42], et l'installation de logiciels de contrôle parental [43] s'impose. Il est capital de ne pas se mettre en situation de tomber. Certaines navigations sur le web sont évidemment dangereuses et les éviter est une simple prudence.

Un facteur important, et qui peut mettre en danger, est la solitude. Elle peut faire glisser bien des personnes dans différentes dépendances telles que l'alcool et la pornographie par le biais de l'ordinateur. C'est en termes de tissu social et amical qu'il faut poser le problème et il suffit de penser au nombre de personnes qui vivent seules pour réaliser sa dimension.

Que faire devant une addiction au sexe ?

Il est évident que tout dépend de la motivation de la personne, d'abord à consulter, puis à se soigner. Car c'est un parcours du combattant qu'elle aura à faire. D'autant plus que,

---

42. Des enquêtes de 2010/2011 montraient que 72 % des enfants surfent seuls et que 26 % des parents ignorent ce que font les enfants sur le net.

43. Ils sont très nombreux. On peut citer *www.optenet.fr* et un site américain *ConvenantEyes* qui peut être interactif.

même si la décision de se soigner est présente, elle n'est pas simple car elle se heurte d'emblée à l'ambivalence, source d'immobilisme, vis-à-vis de la maladie : peser le pour et le contre, les avantages et les inconvénients comme sur les plateaux d'une balance, la balance décisionnelle ; par ailleurs, ce qui paraît acquis un jour peut être remis en question plus tard, voire dès le lendemain. Les rationalisations et le déni de la maladie sont fréquents, d'où le retard à demander de l'aide.

Il est important de réagir très rapidement dès le début de l'installation du trouble, d'en parler, de consulter. On ne s'en sort pas seul. Malheureusement, il est fréquent que le sujet attende de se percevoir comme impuissant vis-à-vis de sa tendance à la répétition des comportements sexuels, de comprendre que le contrôle est perdu pour demander l'aide d'autrui. C'est parfois un véritable désespoir qui est à l'origine de la demande de soins. Si les pratiques addictives impliquent une partenaire, il est certain qu'il faut également la prendre en soin en analysant le système addictif. L'évolution du trouble ne pourra se faire qu'à la mesure de la prise en charge simultanée pour que le système ne s'auto-entretienne pas.

Avant toute chose, il faut faire le ménage de tout ce qui pourrait avoir attrait à la pornographie sur l'ordinateur. Sur le plan thérapeutique, les thérapies cognitivo-comportementales (TCC) ont des effets positifs et la prise en charge psychothérapique est double. D'un côté, elle portera sur les distorsions portant sur la sexualité : l'obsession de la performance, mais aussi la peur de l'impuissance (près de la moitié des hommes présentant une addiction sexuelle ont des difficultés érectiles), l'absence de réciprocité dans les relations (l'autre n'étant qu'un objet de satisfaction personnelle et relation de type sadique par exemple), les situations externes (rencontres, images, les scénarios de stimulation…), le rappel de ce qu'est la sexualité normale et les facteurs internes (états d'anxiété, de tristesse, de désinhibition) facilitant le comportement. De l'autre côté, elle abordera les troubles psychiques (relire son enfance, aborder les défaillances de l'estime de soi, renforcer sa confiance, réapprendre à communiquer) et traitera les maladies psychiatriques associées, en particulier les troubles anxio-dépressifs si fréquents dans cette pathologie et dans les autres addictions. Une aide médicamenteuse peut être précieuse avec des antidépresseurs sérotoninergiques en complément de la psychothérapie [44]. Redisons-le, les soins ne se réduisent pas à s'occuper de l'addiction.

Les psychothérapies de groupe, ou groupes de paroles, sont souvent organisées par les associations d'anciens malades (*Sexaholics Anonymous*, *Sex Addicts Anonymous*, DASA Dépendants Affectifs et Sexuels Anonymes), mais ne sont guère développées en France.

L'ordinateur peut également nous accompagner dans cette démarche de sevrage. De nombreux sites existent, confessionnels ou non [45].

Il est évident que l'objectif thérapeutique n'est pas l'abstinence sexuelle totale, mais la disparition de l'aspect addictif compulsif du comportement sexuel pour s'ouvrir à une sexualité épanouie et satisfaisante. Ce sera un long parcours et les thérapeutes parlent au minimum d'un an.

La foi chrétienne protège-t-elle de cette addiction ?

La question est abrupte, la réponse tout autant : oui et non.

Oui, parce que l'enseignement de l'Église sur la sexualité donne des valeurs inestimables qui apportent une lumière

---

44. Ces médicaments agiraient à la fois sur la composante dépressive ainsi que sur le versant psychique et comportemental de l'addiction sexuelle.

45. On peut citer : www.orroz.net, site aconfessionnel ; www.oserenparler.com (site du pasteur Philippe Auzenet) et www.adv.org (Alliance Vita). Chacun trouvera aujourd'hui sans difficulté ce qu'il cherche !

dans les zones obscures, voire de ténèbres et d'aveuglement, que traverse le monde [46].

Non, parce que nous sommes des êtres incarnés avec nos forces et nos faiblesses, nos tentations, nos combats, et ce, quel que soit notre engagement en Église ou confessionnel, et mon métier me l'a confirmé. Personne n'est à l'abri et il serait même présomptueux de le croire : *« L'ennemi, comme un lion rugissant, rôde, cherchant qui dévorer* [47]. » Les forces de vie que nous portons peuvent avoir été déviées dans des chemins de traverse et tout le travail de l'accompagnement est de pouvoir les orienter vers des activités valorisées socialement (artistiques, intellectuelles, morales, éducatives, spirituelles). Cette sublimation porte en elle une satisfaction. Ce n'est pas simplement un interdit ou encore un refoulement et son relent de triste renoncement. C'est un choix de vie, tant pour la personne que pour les autres qui bénéficieront de ce rayonnement.

L'accompagnement a une double dimension, psychologique et spirituelle. Car outre les pratiques addictives elles-mêmes et l'éventuelle pathologie associée, c'est la personne dans sa globalité qui est à prendre en compte. Nous avons à analyser le regard qu'elle porte sur elle-même, regard fait d'autodépréciation, de dévalorisation, de crainte d'être rejetée, de honte, d'indignité, de culpabilité éprouvée par rapport à l'univers addictif. Nous avons à l'inviter à ne pas s'identifier à la maladie.

Sur le plan spirituel, c'est un combat qui nous attend et au-delà des défaites passagères, c'est la victoire finale qu'il

---

46. De très nombreux livres existent sur ce sujet. On citera seulement : *La sexualité, tout simplement* de M-N Fabre et L. Crepy, éd. de l'Atelier, 2002. *Les hommes et les femmes viennent d'Eden*, de Mary Healy, EDB, 2006. *L'amour et la sexualité dans la Bible, aux origines de l'identité sexuelle*, Pierre Debergé, Nouvelle Cité, 2011 ; et bien évidemment le *Catéchisme de l'Église catholique*, Mame/Plon et sa version pour jeunes : le *Youcat.*

47. 1 Pierre 5, 8.

faut obtenir. Car nous sommes confrontés à notre incarnation, à notre chair et il faut se mettre sous le regard de Dieu et retrouver la beauté de l'être humain. Entrer dans un chemin de pardon vis-à-vis de Dieu, de lui-même et des autres qui ont souffert du fait de l'addiction et on saisit toute la place du sacrement de réconciliation. C'est un chemin de délivrance que Dieu nous propose et qui est à parcourir dans l'accompagnement spirituel pour s'inscrire dans une responsabilité nouvelle et retrouver la liberté perdue avec l'addiction. Nous rejoindrons ainsi ce que Dieu veut pour nous : *« Et voici quelle est la volonté de Dieu : c'est votre sanctification ; c'est que vous vous absteniez d'impudicité, que chacun de vous sache user du corps qui lui appartient avec sainteté et respect, sans se laisser emporter par la passion comme font les païens qui ne connaissent pas Dieu* [48]. »

---

48. 1 Thessaloniciens 4, 3-4.

Chapitre 5

L'identité blessée

1. La souffrance des enfants victimes d'abus sexuels

« Le jour où on m'a touchée, on m'a tuée. J'ai essayé de faire croire que j'étais vivante à l'extérieur, mais j'étais morte à l'intérieur », me disait une patiente de trente-huit ans. Son parcours jusque-là avait été difficile, marqué par plusieurs graves tentatives de suicide, des automutilations, des dépressions et des rituels infinis de lavage : « Il faut que tout soit propre, me laver, me laver, me laver. »

La confrontation aux violences sexuelles sur les mineurs est aujourd'hui fréquente. Ces violences sont très médiatisées à l'occasion de drames fréquents, tragiques, mais en fait trop banalisées dans la rubrique des faits divers. Ce sujet a longtemps été laissé de côté. On n'a guère en mémoire que la première campagne gouvernementale de sensibilisation est relativement récente, datant de 1986, et que l'inceste n'a été inscrit dans le Code pénal qu'en 2010. On ignorait – ou on voulait ne pas voir ni croire – les souffrances de l'enfant confronté à ces abus.

Il est vrai qu'au cours de ces dernières années, des histoires souvent effrayantes telles que l'affaire Dutroux et l'affaire

Fourniret [1] ont été dévoilées. D'autres ont également fait la une de la presse : en Autriche, la découverte, en avril 2008, de l'affaire Joseph Fritzel (qui s'est suicidé après son arrestation) ; il avait séquestré et violé sa fille pendant vingt-quatre ans dans une cave-cachot. Elle avait mis au monde, seule, sept enfants, nés de l'inceste, dont l'un est mort deux jours après sa naissance. Aux États-Unis, en août 2009, une jeune femme, Jaycee Lee Dugard, disparue à l'âge de onze ans, réapparaît dix-huit ans plus tard, ayant été séquestrée et violée par un pervers sexuel avec la complicité de son épouse ; deux filles étaient nées de ces agressions sexuelles. La France n'est pas exempte de ces cas. En 2007 est rendue publique l'histoire de Lydia Gouardo, une femme de quarante-cinq ans, violée depuis l'âge de huit ans et torturée par son père durant vingt-huit ans, mère de six enfants nés de leurs relations incestueuses, entre 1982 et 1993 ; or, tout le village le savait et personne n'avait bougé [2].

Le propos de ce chapitre est la souffrance des enfants victimes. Leur vie peut être brisée, définitivement, mais beaucoup s'en sortent, gardant évidemment une plaie, mais qu'ils peuvent cicatriser grâce à la résilience, au prix d'un travail sur eux-mêmes et à condition que le regard social veuille bien leur donner une chance et non pas la certitude que, marqués à tout jamais, ils ne peuvent pas s'en sortir. Par ailleurs le chemin spirituel peut conduire à une profonde rencontre avec le Seigneur et à une nouvelle naissance.

2. Quelques chiffres et données statistiques

Selon les chiffres du ministère de l'Intérieur, on estime qu'en France, *chaque jour, plus de quarante enfants sont*

---

1. Pour les détails concernant ces deux affaires, voir le chapitre « Pédophilie », note de bas de page.

2. Gouardo Lydia, *Le silence des autres*, témoignage, Michel Lafon éditeur, 2008.

victimes de maltraitances sexuelles. Un garçon sur dix et une fille sur huit avant l'âge de quinze ans [3] sont concernés par ces maltraitances.

Les agresseurs sont très majoritairement des *hommes* (95 %) et sont plus souvent *majeurs* que mineurs (60 % contre 40 %). Ils sont, dans 85 % des cas, issus de *l'environnement proche de l'enfant* (parents, grands-parents, beaux-parents, oncles et tantes, cousins et cousines, voisins, éducateurs, professeurs…) ; en cas d'inceste, le père est le plus souvent l'agresseur (40 %).

Les victimes sont majoritairement les enfants de moins de quinze ans (70 % des cas), les jeunes filles plus encore que les garçons (60 % contre 40 %), et dans huit cas sur dix, l'enfant victime subit des actes répétés.

Ces données sont-elles fiables ? Hélas, ces chiffres ne constituent que **la partie émergée de « l'iceberg maltraitance sexuelle »** car de nombreux faits ne sont pas comptabilisés : faits gardés secrets par les victimes, bien sûr, mais aussi faits signalés dans le cercle familial ou auprès de proches et non relatés aux services de Police et de Gendarmerie.

3. Quelques mots d'histoire

Ces quelques mots ne sont pas inutiles car le traitement par la société française de ces faits d'agression sexuelle sur mineurs a été très variable selon les époques.

Le premier travail sérieux sur la question vient du professeur Antoine Tardieu en 1860 [4]. Les années qui suivent voient la parution d'une littérature abondante. À la même

---

3. Chiffres repris par l'association Maryse Nozet, spécialisée dans la défense de l'enfance contre les maltraitances sexuelles.

4. 1860 : première description d'enfants battus ; 1867 : publication d'une « étude médico-légale sur les attentats aux mœurs », qui porte sur 339 cas de tentatives de viol et de viols sur enfants de moins de 11 ans.

époque, un psychiatre français, Pierre Janet, étudie les relations entre traumatisme et troubles psychiatriques. Un lien de cause à effet semble pouvoir s'établir, tout au moins jusqu'au début du xxe siècle, date à laquelle un neurologue, le docteur Désiré-Magloire Bourneville, publie en 1903 un article sur les fausses accusations de la part des enfants concernant de prétendus abus sexuels.

Peu de temps auparavant (1895), Sigmund Freud et Joseph Breuer avaient publié *Études sur l'hystérie*, livre dans lequel ils exposent la théorie de la séduction, c'est-à-dire que les souvenirs de scènes réelles de séduction entre un enfant et un adulte ont un rôle déterminant dans l'origine des psychonévroses. Cependant, Freud renonce à cette théorie vers 1905, après s'être aperçu que le récit qu'apportaient les patientes était... celui qu'il attendait, une narration souvent identique, peut-être destinée à le séduire ; il écrit alors qu'il est « incapable de distinguer avec certitude, dans les souvenirs d'enfance des hystériques, les falsifications des faits réels ». S'il avançait que les faits évoqués n'étaient peut-être qu'imaginaires, il n'a jamais nié leur réalité possible et leur valeur traumatique [5].

Dès lors, le regard de la société sur ces faits change. L'enfant, « pervers polymorphe [6] », est devenu suspect, considéré comme un menteur et un manipulateur. Malgré la parution d'un article de Sándor Ferenczi au début des années

5. On connaît bien aujourd'hui l'importance des souvenirs induits émergeant au cours de psychothérapies.

6. Cette expression de Freud (*Introduction à la psychanalyse*) est source de grande confusion et entendue généralement comme si l'enfant était pervers, manipulateur et déviant sexuel. Elle signifie seulement que le développement de l'enfant en est au temps des pulsions partielles (source d'excitation corporelle : pulsions orales, maîtrise, sadisme...), pulsions qui seront rassemblées ensuite comme préliminaire de la pulsion génitale adulte. Par exemple pour le sadisme, il suffit de regarder le traitement que certains enfants font subir à des jouets, des animaux, voire à des membres de la fratrie !

1930 [7] qui remet au premier plan la notion de traumatisme, le rideau de la suspicion sur les dires des enfants retombe et une relative chape de silence s'installe.

Au début des années 1960, les médecins, nord-américains essentiellement, abordent à nouveau le problème de la maltraitance envers les enfants. Kempe décrit le « syndrome des enfants battus » en 1962 et on assiste alors à l'émergence d'une véritable écoute de l'enfant victime d'agression sexuelle.

En outre, des études sur les effets des traumatismes psychologiques avaient été menées chez les adultes à la fin des années 1940 à propos des soldats de la Deuxième Guerre mondiale et approfondies dans les années 1970 avec les vétérans du Viêt-Nam. L'état de stress post-traumatique (PTSD) est décrit en 1980. Cependant, un nouveau revers avec l'affaire d'Outreau [8] jette le trouble et la parole de l'enfant est une fois encore mise en doute.

---

7. Sándor Ferenczi (1873-1933), psychanalyste hongrois. *Confusion de langue entre les adultes et l'enfant* (1932). L'enfant et l'adulte n'ont pas la même langue : imprégnée de tendresse et d'affectivité chez l'enfant alors qu'elle est empreinte de sexualité et de passion chez l'adulte. Les stimuli parentaux, trop violents pour l'enfant, débordent ses capacités psychiques, constituent un véritable traumatisme précoce pouvant mener au clivage du moi.

8. L'affaire d'Outreau est une affaire pénale d'abus sexuel sur mineurs qui débuta en 2001 et fut l'occasion d'une grave erreur judiciaire. Elle commence par des dénonciations faites par plusieurs enfants, confirmées par leurs parents. Dix-huit personnes sont écrouées en détention provisoire au cours de laquelle meurt l'une d'entre elles. L'affaire a débouché sur la condamnation en première instance (en 2004) de dix personnes, certaines avec de lourdes peines, qui furent innocentées en appel en novembre 2005. L'accusation s'était effondrée, suite aux aveux de la principale accusatrice, Myriam Badaoui, disant qu'elle avait menti.

4. Les facteurs de gravité de la souffrance vécue

Tout abus sexuel laisse toujours des traces dans l'histoire de la personne. Chacun, étant unique, vivra ce drame à sa façon, avec ce qu'il est, mais aussi en fonction de l'existence ou non d'un environnement favorable. Celui qui a été blessé connaît la possibilité d'être déstructuré ou au contraire de s'en sortir.

La destructivité de ce drame est toujours importante, mais elle varie selon certains facteurs :

– *l'âge de l'enfant* : plus un enfant est jeune et moins il a de possibilités de mettre en mots ce qu'il a vécu, donc plus la blessure est profonde. Les plus jeunes n'ont même pas les mots pour désigner les organes sexuels ;

– *la répétition et la durée des agressions sexuelles*, encore qu'une agression unique peut être tout aussi traumatisante ;

– *la nature des agressions sexuelles* ;

– *l'identité de l'agresseur* et particulièrement ceux qui ont un lien de parenté et d'autorité avec la victime, un lien affectif ;

– *le lieu des agressions* : le domicile, qui aurait dû être un havre de paix et de sécurité ;

– *la force et la violence de la contrainte* ;

– *le soutien apporté par l'entourage*, le parent non abuseur ou les deux parents en cas d'abus extrafamilial. Le silence, l'indifférence, l'incrédulité, voire le rejet de l'entourage sont dramatiques pour l'enfant qui appelle à l'aide, et conditionnent ses réactions immédiates et futures. *Ce qui importe à l'enfant est qu'il soit cru* ;

– *l'absence de prise en charge réelle et efficace lorsqu'il a pu parler de ces agressions*, par le manque de protection de la famille et l'absence de démarche thérapeutique.

5. Les signes évocateurs de l'abus sexuel de l'enfant

La souffrance de l'enfant abusé a longtemps été négligée.

> « Après avoir cru que l'enfant était imperméable au traumatisme, on a cru que, grâce à sa plasticité, il s'en remettait rapidement, complètement. Cela est faux. En fait, c'est qu'à la différence de l'adulte, il extériorise moins ses symptômes psycho-traumatiques et que les tableaux cliniques apparents sont dominés par la plainte somatique ou les troubles étiquetés caractériels. Le fait que des enfants restent silencieux et ne présentent que des troubles apparemment banaux ne signifie pas que l'expérience traumatique n'a pas existé [9]. »

L'agression sexuelle atteint très profondément l'enfant dans son identité. *Il faut insister sur le fait que l'enfant abusé est une victime. Il n'est pas le provocateur et n'est certainement pas fondamentalement coparticipant aux plaisirs initiés par l'abuseur.* Il ne peut donc être tenu pour responsable des abus qu'il subit, quand bien même ce qu'il peut éprouver au cours de ces actes soit une possible source de plaisir et qu'une éventuelle connivence se fasse jour.

En dehors du dire de l'enfant (et les révélations sont souvent tardives), les signes qui peuvent évoquer l'abus sont très divers. Chaque fois que la souffrance ne peut être mise en mots, c'est *le corps qui parle*: douleurs abdominales, troubles des sphincters (perte du contrôle des urines et/ou des matières), troubles des conduites alimentaires, insomnie, cauchemars, maux de tête...

Ce sont également des *changements de comportement* avec les manifestations d'un mal-être comme la perte de la joie de vivre sans raison apparente, parfois un *syndrome de*

---

9. Louis Crocq, « Le traumatisme chez l'enfant », dans « Des lieux de soins et de réparations pour les enfants victimes d'agressions sexuelles », *Actes du Colloque européen de la Fondation pour l'Enfance*, Paris, 21 novembre 1997. Cité par Catherine Bonnet, *L'enfant cassé*, Albin Michel, 1999, p. 96.

stress post-traumatique (survenue d'angoisses, troubles du sommeil…). Ailleurs, ce peut être un *fléchissement scolaire inexpliqué*. On peut également observer une *érotisation des attitudes* et des propos à contenu sexuel inappropriés à l'âge. Ainsi, une petite fille de sept ans [10] parlait « de faire l'amour », expression qu'elle utilisait juste après qu'un petit garçon de neuf ans a eu des jeux sexuels avec elle, dont des pénétrations.

La révélation est difficile car il faut d'abord qu'elle puisse être faite à une personne de confiance, que l'enfant n'estime pas toujours avoir dans son entourage. De plus, la notion de transgresser un secret (avec les menaces et les sanctions promises par l'agresseur), celle de relater des faits qui pour lui sont connotés de honte et de culpabilité, rend la tâche encore plus difficile.

Il existe des particularités selon les circonstances des agressions sexuelles, lesquelles peuvent être imposées sous la contrainte violente ou la terreur, ou à l'inverse dans un climat d'apparente tendresse.

Dans la violence et la terreur, l'empreinte psychologique chez la victime recherchée par l'agresseur est la *peur sous la menace*, allant jusqu'aux menaces de mort, ou encore la violence physique. En dehors même de la jouissance perverse, sadique, de l'agresseur, sa stratégie est l'intimidation pour que l'enfant ne parle pas, d'où le retard parfois important concernant la révélation des faits. Ce n'est que lorsqu'il ne sera plus en contact avec l'agresseur qu'il s'autorisera à briser le silence. Ce sont les changements du comportement, du caractère de cet enfant cadenassé et prisonnier de sa peur qui peuvent mettre en éveil et alerter l'entourage.

Dans le second cas des agressions sexuelles sous le *sceau apparent de la tendresse*, l'enfant est perdu, en proie

10. Hors-série FR3, 10.05.2010 : *Inceste : enfances brisées, vies explosées*.

à *une grande confusion*, et ce à deux niveaux : d'une part, la transgression de l'interdit des relations entre un adulte et un enfant avec négation de la différence des générations et d'autre part, la confusion sur la normalité ou non de ces actes dits de tendresse et d'amour. Le début des agressions est insidieux et les gestes se font de plus en plus insistants pour intéresser ensuite directement les zones érogènes.

L'enfant peut connaître lui-même un plaisir dans ces actes, mais il sent bien que tout cela n'est pas normal. Il en résulte un sentiment de gêne et de honte dont l'origine peut être difficile à trouver dans l'ignorance des abus.

6. Réactions de l'enfant victime d'agression sexuelle

Elles sont variables selon l'enfant. Si on retrouve de façon constante les sentiments de culpabilité et de honte, la victime peut présenter un état de stress post-traumatique, un syndrome de dissociation ou encore des troubles du comportement sexuel.

a. Culpabilité et honte

La culpabilité et la honte sont pratiquement toujours présentes chez les personnes qui ont été abusées sexuellement, qu'il s'agisse d'enfants, d'adolescents et d'adultes.

Dans tous les cas, il y a effraction de l'intimité, du corps et du psychisme. L'enfant est gêné et dégoûté et il a presque toujours honte car sa pudeur a été piétinée, son corps sali, taché.

Par ailleurs, les pédophiles, et c'est la signature de la perversion, ont l'art de renverser les situations et de faire croire à l'enfant qu'il a été l'initiateur des actes sexuels. Ce sentiment de responsabilité engendre chez l'enfant la culpabilité et une plus grande difficulté encore à pouvoir se confier à autrui, avec la peur d'être grondé et puni. La honte empêche l'enfant d'en parler et par là même de se reconstruire après. La perversion peut encore prendre la forme d'actes présentés par l'agresseur comme mérités par l'enfant, en raison de bêtises ou parce qu'il n'a pas été sage.

De plus, et en fonction du développement de sa sexualité, de son affectivité, l'enfant peut, lors de ces abus sexuels, en particulier ceux commis sans violence physique, éprouver des sensations agréables et même ressentir un certain plaisir. Une patiente, connue après une tentative de suicide et dont les relations sociales n'étaient pas faciles, faites de colères, d'irritabilité et de susceptibilité, avait eu des relations incestueuses avec son frère aîné, entre onze et seize ans, âge auquel elle a enfin pu dire non. Au cours de la psychothérapie, elle prit conscience que l'agressivité qu'elle portait prenait racine dans ces antécédents : ne pas avoir pu dire non et ensuite, avoir été, finalement, de connivence parce qu'elle n'était pas insensible à ces pratiques avant qu'elle n'y oppose un refus définitif.

D'autres témoignages vont dans le même sens [11] : « C'est pas si désagréable que ça à huit ans », disait une jeune femme que son père avait pris l'habitude de caresser sexuellement depuis cet âge et qui s'est refusée à lui alors qu'elle atteint l'âge de douze ans. Il lui dit alors : « Avant, tu aimais ça. » « J'ai pensé pendant des années être un monstre, la seule sur terre à avoir éprouvé du plaisir avec mon père et il s'est passé vingt ans avant qu'on m'explique que je n'étais pas responsable. » Il est vrai « qu'en étant objet du désir, l'autre peut finir par se mettre à désirer [12] ».

Ces sensations, issues de scènes frappées du sceau de l'interdit, seront à l'origine d'un sentiment de grande culpabilité et de honte, d'autant plus que l'enfant n'aura pas été capable

---

11. Hors-série FR3, 10.05.2010 : *Inceste : enfances brisées, vies explosées*.

12. Yves Semen, *La sexualité selon Jean-Paul II*, Presses de la Renaissance, 2004, p. 145.

de résister et de s'opposer à l'agression, *comme si en lui-même il devenait complice*. De là naît l'ambiguïté chez l'enfant qui se sent partie prenante, malgré lui ; de plus, il est pris dans le discours pervers du pédophile renversant la responsabilité et persuadant l'enfant qu'il est lui-même le séducteur.

L'expérience clinique montre qu'il faut beaucoup de courage à la victime pour faire un pas en avant et divulguer son histoire après des années, parfois des décennies, de silence et de sentiments de honte. Il n'est pas rare que ces victimes atteignent la quarantaine ou la cinquantaine avant de déposer ce fardeau trop lourd ; j'ai même connu une femme, fatiguée par ses rituels obsessionnels de lavage, qui s'en est ouverte pour la première fois à soixante-douze ans.

b. Un état de stress post-traumatique

Pour insister sur le traumatisme psychologique, certains, comme Louis Crocq, préfèrent parler de « syndrome psychotraumatique [13] » et parlent du « traumatisme psychique comme une expérience aiguë d'effraction et de débordement des défenses du Moi… Le traumatisme serait de l'ordre de l'impensable, de l'indicible. » Au point que l'on puisse rencontrer chez l'enfant la *dénégation* des réactions affectives et de l'événement lui-même.

Chez l'enfant, les manifestations diffèrent de celles de l'adulte. Avant cinq ou six ans, les manifestations psychosomatiques, les manifestations régressives et les troubles des conduites instinctuelles (troubles de l'appétit et du sommeil avec cauchemars), l'anxiété de séparation, sont plus fréquentes. La répétition de jeux ou de comportements mimant la scène traumatisante peut également mettre en éveil.

13. L. Crocq, préface du livre de Lionel Bailly, *Les catastrophes et leurs conséquences psycho-traumatiques chez l'enfant*, Paris, ESF, 1996.

Plus l'enfant est âgé et plus le tableau se rapproche de celui de l'adulte. La description classique comporte une triade symptomatique : le syndrome de répétition, d'évitement et d'hyper-vigilance avec une hyperactivité neurovégétative :

– *Syndrome de répétition et de reviviscence* : l'expérience traumatisante revient de façon compulsive, répétitive, sous forme de reviviscences mnésiques (idées, images), de souvenirs sensoriels (sensations, odeurs, sons), d'émotions, de réactions comportementales dans les jeux des enfants, avec un sentiment de détresse psychique. Le sujet ne peut ni prévenir ni empêcher cette expérience sans cesse répétée qui envahit sa vie et présente toujours un caractère pénible. Il essaye de bloquer ses pensées pour éviter que ces souvenirs ne remontent. Tout se passe « comme si » l'événement traumatique allait se reproduire avec l'impression de revivre la situation (flash-back) ; ceci est renforcé quand surviennent des indices pouvant rappeler l'événement traumatisant. La mémoire du traumatisme surgit également pendant le sommeil sous forme de cauchemars et de rêves répétitifs avec le même sentiment de détresse.

– *Syndrome d'évitement* : le sujet met en place progressivement des stratégies plus ou moins conscientes pour lutter contre les répétitions. L'enfant peut refuser d'aller dormir pour éviter les cauchemars, se replie sur lui-même et restreint les réactions affectives pour prévenir les affects liés à l'expérience traumatisante, avec un risque d'émoussement de l'ensemble de la vie émotionnelle. Le retrait peut être très marqué car les réactions d'évitement prennent le dessus, se développent pour leur propre compte, en partie du fait de leur relative inefficacité.

– *Syndrome d'hyper-vigilance et d'hyperactivité neurovégétative* : c'est un état d'alerte permanente qui se traduit par des troubles du sommeil (difficultés d'endormissement ou sommeil interrompu), des difficultés de concentration, une hyperactivité, une hyperémotivité avec irritabilité et accès de colère, une agressivité possible (l'enfant devient plus ou moins « insupportable et caractériel »), des attitudes de vigilance anxieuse par rapport à l'environnement, des réactions de sursaut exagérées. L'hyperactivité neurovégétative se manifeste également par des somatisations (douleurs abdominales, anorexie, boulimie, eczéma...).

c. Le syndrome de dissociation

Au cours d'une agression particulièrement grave telle que le viol se met en place un mécanisme de défense : *le syndrome de dissociation* [14]. Tout se passe comme si le corps, réduit à l'état d'objet sexuel par et pour l'agresseur, était coupé de l'esprit, du psychisme, des émotions : ne rien ressentir ni dans son corps ni émotionnellement, ne pas être là, ne plus se souvenir. La victime est dans un état de stupeur, un « état de sidération hypnotique [15] » : « C'était moi, mais comme si ce n'était pas moi [16]. »

---

14. Sándor Ferenczi avait particulièrement développé la notion de traumatisme. « L'appareil psychique est coupé en une partie sensible brutalement détruite et une autre qui sait tout mais ne sent rien en quelque sorte », *Réflexions sur le traumatisme*, in Psychanalyse IV, Paris, Payot, 1998.

15. Jane Hervé, *La cassure de l'inceste*, Éditions du Jubilé, 1997, p. 34.

16. Ce syndrome de dissociation est un mécanisme de survie et s'observe autant chez les adultes que chez les enfants. Des femmes violées décrivent ce moment où apparaît une déconnection des émotions : la violence continue, mais la victime ne ressent plus rien, comme détachée de sa personnalité, l'impression d'être spectatrice de l'événement, ce qui fera dire au violeur que la victime était consentante puisqu'elle ne s'est pas débattue. Ce phénomène a un support biologique : à la suite de la production brutale d'hormones de stress (adrénaline et cortisol), du fait de l'impossibilité de la fuite, la production d'autres substances (endorphines, morphine et kétamine) a pour effet de faire « disjoncter » notre système d'alarme cérébrale en surchauffe (l'amygdale cérébrale) qui ne trouve pas d'autre issue.

> « Il est très difficile aux enfants de comprendre tout seuls pourquoi leur appareil psychique se bloque soudainement car il faut leur mettre des mots sur leurs émotions, les sentiments, les sensations qui, avant d'être écartées, se sont condensées. Un sentiment d'étrangeté, voire de dépersonnalisation, accompagne souvent la sensation de perte des limites du corps lors des attouchements et de la pénétration sexuelle imposée. Pour ne pas être envahi par des images d'effroi ou d'autres sensations qui se répètent et lui fassent revivre le moment du viol, le sujet met en place ces mécanismes de défense qui s'enkystent s'il ne peut en parler rapidement après l'agression. Pour tenter d'oublier, il utilise ce mécanisme de clivage ou de dissociation, en fragmentant puis en bloquant cette expérience traumatique. Sans aide immédiate, il encapsule ces traumas fragmentés de son psychisme, comme l'organisme peut circonscrire une infection dans un abcès afin qu'elle ne contamine pas tout le corps, abcès qui aura des conséquences néfastes à plus ou moins long terme et qui ne sont pas toujours visibles directement. Ainsi certains adultes ont attendu trente, quarante, cinquante ans, parfois au cours d'une psychothérapie, pour faire un lien entre des agressions sexuelles subies dans la petite enfance et leurs difficultés psychologiques [17]. »

De fait, tant en accueil psychothérapique qu'en accueil spirituel, nous recevons des personnes qui ont porté, durant la plus grande partie de leur vie, ces blessures sans pouvoir les dire. Ces personnes sont clivées d'une partie de leur vie, de leurs émotions. Une patiente de cinquante-quatre ans me disait : « Je ne sens rien émotionnellement. Je ne sais pas comment faire avec mes émotions et celles des autres. Le mieux c'est de ne pas en avoir. » Et une autre de me dire qu'elle s'était endurcie, avait bâti une muraille autour de ses émotions et que sa grande peur était que ses défenses se fissurent et que la muraille s'effondre.

---

17. Catherine Bonnet, *L'enfant cassé, l'inceste et la pédophilie*, Albin Michel, 1999, p. 111-112.

d. Les troubles du comportement sexuel

Les travaux du début des années 1980 ont décrit chez les enfants d'âge préscolaire qui ont été victimes d'inceste un degré d'érotisation du contact et qui était proportionnel à la durée et à l'intensité du contact sexuel [18].

Les pédopsychiatres connaissent ces très jeunes victimes qui présentent parfois un très grand degré *d'excitation et d'hypervigilance sexuelle*, incapables de différencier les relations tendres des relations sexuelles. Des comportements sexuels problématiques ou aberrants sont fréquents : jeux sexualisés avec des poupées, introduction d'objets dans l'anus ou le vagin, masturbation excessive ou publique, comportement de séduction, demande de stimulation sexuelle de la part d'adultes ou d'autres enfants, connaissance inappropriée de la sexualité, comportements sexuellement agressifs. À l'inverse, beaucoup de cliniciens ont décrit des *réactions phobiques et d'inhibition sexuelle chez les enfants abusés*. Toutefois, il a été montré qu'au sein de certaines populations, les dysfonctionnements familiaux apparaissent le principal facteur associé à des comportements sexuels « aberrants », que l'enfant soit ou non abusé [19].

Ces deux modes de réaction, excitation ou inhibition, peuvent survenir.

> « Certains enfants ont très vite peur dès qu'ils ressentent des caresses intimes ; ils deviennent inhibés, craintifs et tristes. Pour eux, le syndrome psycho-traumatique est prédominant, mais, comme la peur est entremêlée de honte et de sentiment de culpabilité, le tableau clinique reste celui d'une grande inhibition psychomotrice accompagnée de manifestations d'anxiété et d'un sentiment de dévalorisation. Leur souffrance psychique passe longtemps inaperçue. D'autres enfants sont éveillés par ces

---

18. On sait que beaucoup de personnes prostituées adultes ont subi des abus sexuels de l'enfance.

19. Conférence sur les conséquences des maltraitances sexuelles, les reconnaître, les soigner, les prévenir, Paris, novembre 2003.

agresseurs à des sensations de plaisir dans des régions érogènes qui vont provoquer un état d'excitation psychomotrice générale, accompagné d'une logorrhée, d'une bonne humeur excessive, d'une certaine familiarité et d'impulsions agressives. Ce tableau pseudo-maniaque [20] prédomine sur le syndrome psycho-traumatique qui reste présent. Ce sont le plus souvent ces enfants qui vont manifester des comportements sexualisés et agressifs envers les autres enfants et les animaux ou/et une curiosité sexuelle excessive voire obsédante, masturbation exhibée envers les adultes. Parfois, les deux tableaux alternent [21]. »

7. L'agression sexuelle et les maladies ultérieures

En dehors même des conséquences physiques, avec des séquelles qui peuvent être importantes, les tableaux cliniques dans lesquels l'antécédent d'abus sexuel peut être retrouvé sont très variés. Rapprocher l'aujourd'hui, la pathologie présente, de cet événement de l'histoire n'est pas aisé car bien souvent, il n'apparaît pas d'emblée, du fait du travail psychologique d'enfouissement, d'enkystement, qui a pu être fait pour tenter d'apaiser la souffrance et de continuer à vivre malgré tout.

Au premier plan se situent la *dévalorisation*, voire le massacre de son image réduite à un objet sexuel de satisfaction pour autrui, un non-amour de soi-même, des mots qui n'ont aucun sens pour ces personnes blessées, une *perte d'élan vital*, mais aussi une *agressivité* davantage retournée sur soi-même que vers l'extérieur.

Ainsi ne s'étonnera-t-on pas de retrouver ces abus au cœur de tableaux de *dépression*. Celle-ci est particulièrement fréquente quel que soit l'âge, mais l'incidence de la maladie

---

20. Le terme de maniaque, en psychiatrie, renvoie à un tableau d'excitation et non pas à des comportements d'attachement à des habitudes ou à des manies, des rituels.

21. Catherine Bonnet, *op. cit.*, p. 158-159.

dépressive est très lourde dans les dépressions de l'adolescent autrefois abusé. L'abus sexuel est connu comme un facteur de risque important de suicide et de tentatives de suicide : 53 % d'enfants ayant subi l'inceste font des tentatives de suicide.

On retrouvera cet antécédent dans d'autres maladies : *pathologies anxieuses* (crises d'angoisse et phobies sociales), *rituels obsessionnels* de lavage et de purification (innombrables et jusqu'à l'eau de Javel), *troubles du comportement* avec crises de colère, *conduites à risque et/ou automutilations*, *troubles de la personnalité borderline*. On le retrouvera également au sein de pathologies qui sont de véritables agressions contre soi, corps et âme pourrions-nous dire, que sont les *addictions* (alcoolisme et toxiques divers dont des drogues dures : héroïne ou cocaïne, addictions sexuelles), les *troubles des conduites alimentaires* (anorexie, boulimie). Les transformations corporelles induites par ces troubles alimentaires peuvent paraître une défense supplémentaire vis-à-vis du surgissement possible d'un désir sexuel d'autrui, soit par la perte des formes féminines rendant le corps asexué, soit par une obésité inconsciemment espérée repoussante.

Ces abus subis lors de l'enfance marqueront la vie sexuelle. Les *troubles sexuels* sont à type de frigidité et/ou d'impuissance ou à l'inverse une hypersexualité réduisant encore le corps, dévalorisé et désacralisé, à l'état de simple objet.

On peut aussi retrouver cet antécédent dans la *difficulté à devenir mère* lorsque tout ce qui est relié à la sexualité est dénié ou refusé. Brisées dans leur identité de femme, la pensée de donner la vie peut sembler inconcevable et, tout au moins, l'abus subi peut induire la crainte qu'il arrive la même chose à leur enfant. S'en suivent des interruptions volontaires de grossesse parfois à répétition ou encore des dénis de grossesse, c'est-à-dire le fait pour une femme enceinte de ne pas avoir conscience de l'être (soit déni partiel lorsque, en général vers le cinquième mois, la future mère prend conscience de son état, soit déni total qui va jusqu'à l'accouchement). On sait aujourd'hui la gravité de ces dénis puisqu'ils peuvent être à l'origine de négligences à s'occuper de l'enfant à la naissance, de maltraitances, voire de terribles violences comme l'infanticide ou l'abandon sur la voie publique du nouveau-né.

8. Particularités de l'inceste

L'interdiction d'avoir des relations sexuelles avec de proches parents apparaît comme une loi universelle et sa transgression engendre toujours de graves troubles sur l'ensemble de la personnalité de l'enfant. L'interdit de l'inceste est structurant et ne concerne pas seulement les parents, mais aussi, par extension, toute personne ayant une autorité éducative et morale sur un enfant. L'inceste confronte l'enfant à un bouleversement des rôles de son entourage et des repères mis en place : l'adulte devait être un protecteur, il est un prédateur.

Les chiffres réels de cas d'inceste sont mal connus car bon nombre resteront secrets, ou bien intrafamiliaux sans aucune révélation extérieure. On parle de deux millions de personnes en France qui ont subi un inceste [22].

L'auteur de l'inceste est en grande majorité le père (40 % des cas), mais aussi les beaux-pères et concubins (9,5 %), les grands-parents (6,1 %), les frères et sœurs (4,3 %), la mère (2,8 %) et les autres membres de la famille (11,2 %) [23].

Ce sont donc en grande majorité des hommes et le plus souvent le père. Le parent incestueux est fréquemment insatisfait de soi, habité par des sentiments d'infériorité et

22. Hors-série FR3, 10.05.2010 : *Inceste : enfances brisées, vies explosées.*

23. Chiffres du SNATEM 2001 (service national d'accueil téléphonique pour l'enfance maltraitée) cités par Elodie Tibo, *L'inceste*, collection guide Totus, Sarment, Editions du Jubilé, 2005.

d'échec, notamment en matière sexuelle ; il cherche dans l'enfant une compensation. Il est souvent incapable d'assumer sa sexualité avec une femme adulte, c'est pourquoi il se tourne vers un enfant et non une maîtresse. La révélation de l'inceste peut être une véritable bombe car ce sont souvent des gens « honorables, de conduite irréprochable et appréciés de tous » d'où l'incrédulité qui s'ensuit. À l'inverse, le père peut se présenter comme tout-puissant, tyrannique, l'enfant étant sa chose. *L'agresseur a souvent lui-même été abusé dans son enfance.*

L'inceste mère-fils est nettement plus rare et de pronostic plus péjoratif quant au devenir psychologique de l'enfant. Ailleurs, ce seront des familles chaotiques qui baignent dans le flou avec une négation de la différence des générations.

La difficulté vécue par l'enfant est triple. D'abord existe *la souffrance* elle-même, psychologique, mais également physique avec de possibles conséquences somatiques aiguës ou chroniques. En second lieu, *la chape de silence* qui recouvre l'inceste enferme et isole l'enfant ; il est d'autant plus désorienté que la personne avec qui une relation affective existe et qui devait apporter protection et sécurité, est devenue l'agresseur ; de plus, ce dernier s'arrange pour faire participer l'enfant sous la forme de cette pseudo-tendresse. Il peut ainsi maintenir l'emprise sur sa victime, lui dire qu'il est partie prenante et cela même si l'enfant est passif. Ce dernier vit un grand désarroi : à sa demande de tendresse et d'affection vis-à-vis de son père (ou équivalents), celui-ci répond par des conduites sexuelles que l'enfant ne peut comprendre. Il peut même croire que cela fait partie de l'éducation et la difficulté pour lui de dénoncer l'agresseur est encore plus forte. Enfin, le dernier traumatisme pour l'enfant, enfermé dans la soumission et la consigne du silence et du secret interdisant la révélation aux tiers, est *la crainte de ne pas être cru*, que l'entourage ne prenne pas en compte ses dires et *pire encore, d'être traité de manipulateur et de menteur.*

Pourtant, c'est par la mise en mots que les faits prennent une réalité objective et ne relèvent plus du seul ressenti subjectif de l'enfant ; celui-ci peut alors enfin commencer un travail psychologique d'élaboration du vécu. Le désespoir et le sentiment d'impuissance sont aggravés si l'enfant ne rencontre pas de soutien familial, et plus encore s'il ressent un climat d'hostilité et de dévalorisation.

La révélation des faits, par la victime ou un autre membre de la famille, peut se faire lorsque le père s'en prend à un autre membre de la fratrie. Un patient me disait un jour sa culpabilité de ne pas avoir révélé assez tôt l'inceste de son père sur sa sœur aînée. Il avait réagi et dénoncé le père lorsque celui-ci s'en était pris à la fille cadette. Le résultat fut l'emprisonnement du père et la privation de ressources matérielles de la famille. Encore très jeune, il avait dû se mettre rapidement au travail pour assurer le nécessaire et devenir en quelque sorte le chef de famille.

L'attitude de la mère face à la révélation de l'inceste sera très variable. Elle peut s'effondrer devant cette révélation qui est une totale et douloureuse surprise. Elle peut également réagir par une dénégation des faits, refusant de les croire possibles et faisant comme s'ils n'existaient pas. Dans d'autres cas, une complicité entre les deux parents existe ; la mère, qui n'a souvent plus aucune vie sexuelle avec son conjoint, sait mais ne dit rien ou ne veut rien savoir, tout au moins officiellement, et ne porte que peu ou pas d'intérêt à la blessure de l'enfant.

Il est évident que les révélations vont perturber *la famille* qui peut réagir par de l'incrédulité, voire une hostilité paradoxale vis-à-vis de la victime et on assiste parfois à l'éclatement des familles. La mère peut tenter de régler le problème sans que cela sorte de la famille, mais l'expérience montre que ceci n'est jamais suffisant, parce que le père reste tout-puissant sans aucune confrontation à la loi et parce que l'enfant ne peut pas être rassuré, il reste dans l'inquiétude que cela ne recommence malgré la promesse de l'agresseur de ne pas récidiver. Il faut qu'une autorité extérieure (médicale, sociale, judiciaire) à la famille intervienne, certes à visée thérapeutique pour l'enfant, mais aussi pour que la famille puisse retrouver un autre mode d'équilibre.

La révélation à un tiers implique la mise en œuvre de démarches, thérapeutiques et sociales, par une équipe psychosociale spécialisée dans la lutte contre la maltraitance [24]. Il faut d'abord faire une juste analyse de la situation, étudier la possibilité et la probabilité ou non des faits, l'existence d'un tissu familial sur lequel on peut s'appuyer ou pas, son fonctionnement, sa capacité de collaboration, ainsi que de réconfort et de protection de l'enfant. En l'absence de ces facteurs favorables pour la suite, il faut espérer que l'appel aux autorités judiciaires, et leur intervention, permette d'obtenir une véritable coopération. Cependant, la gravité de certaines situations peut entraîner d'emblée le placement en foyer de l'enfant victime.

9. La vie spirituelle

Ce n'est pas seulement le corps qui est violé, mais la personne dans sa globalité, dans son âme et dans son esprit. C'est l'intimité qui est piétinée, la confiance trahie et ces personnes ne peuvent plus avoir confiance en quiconque. Cela signifie que le retentissement peut se faire également sur la vie spirituelle. C'est leur foi en Dieu et en eux-mêmes qui peut être perdue, volée plus encore lorsque l'agresseur est une personne d'Église détentrice d'une autorité morale.

Perte de confiance, mais aussi entrave par l'isolement et l'enfermement par rapport à soi-même, au monde et à Dieu. Il

---

24. On sait que la loi permet exceptionnellement au médecin de rompre le secret professionnel et de le partager par le signalement judiciaire, médical ou administratif.

convient d'abord de s'ouvrir. Mais comment le faire ? Comment changer le rapport au corps quand l'intimité a été saccagée, et ce d'autant plus que la culpabilité, abusivement présente, et la honte peuvent faire associer le corps au mal ? N'est-ce pas une sainteté désincarnée que nous essayons alors de vivre ?

On comprendra aisément que l'inceste paternel induise une destruction psychologique de l'image du père et que parler de la paternité de Dieu déclenche colère et agressivité ou au contraire ne représente rien pour la victime. Entrer dans la filialité s'avère impossible ou très difficile, après un long chemin qui passera par le pardon.

Ce mot de pardon est imprononçable, inconcevable, pour beaucoup de victimes : « Ça, jamais ! » Il faut aller très prudemment sur ce chemin et simplement commencer par demander à Dieu de mettre dans notre cœur la volonté d'accepter de pardonner, si cela est possible. Car on ne peut en faire l'économie. Comment réussir sa vie avec de la rancune, voire de la haine, qui paralyse le cœur et handicape profondément notre capacité à aimer ? Il n'est pas nécessaire que l'agresseur demande pardon pour entrer dans cette démarche, d'autant plus qu'il n'est peut-être plus là, parti ou décédé. Nous avons à couper les liens, les boulets de la haine et de la colère pour reprendre notre course, retrouver notre plénitude, notre souffle. Mais il est certain que nous ne pouvons pas donner ce pardon seuls, selon nos propres forces.

On sait combien l'Église catholique a été bousculée dans les années 2009-2010 par les affaires de pédophilie. Elles jaillissaient de façon massive parce qu'enfin révélées alors que certaines avaient près de cinquante ans d'âge. L'exigence de vérité et de transparence de Benoît XVI vis-à-vis de ces actes, qu'il a qualifié de crimes, a conduit à une repentance, une demande de pardon et à des prises de position fermes. Le Pape a exprimé à plusieurs reprises les soucis de l'Église parce qu'elle n'a pas été assez vigilante et pas suffisamment rapide, ferme, pour prendre les mesures nécessaires :

« Les victimes sont la première de nos priorités : comment pouvons-nous réparer, que pouvons-nous faire pour aider ces personnes à surmonter ce traumatisme, à retrouver la vie, à retrouver aussi la confiance dans le message du Christ ? Soin, engagement pour les victimes : telle est la première priorité, à travers des aides matérielles, psychologiques, spirituelles. Deuxièmement, le problème des coupables : la juste peine, les exclure de toute possibilité d'accès aux jeunes, parce que nous savons que c'est une maladie et que la libre volonté ne fonctionne pas avec ce type de maladie ; nous devons trouver le moyen de les aider, de les protéger contre eux-mêmes, et les exclure de tout contact avec les jeunes. Le troisième point est la prévention dans l'éducation et dans le choix des candidats au sacerdoce. Être si attentifs que selon les possibilités humaines, de futurs cas soient exclus [25]. »

La souffrance de l'enfant est quotidienne, parfois très proche de nous. Quand on connaît le sort de millions d'enfants dans le monde qui subissent ces violences sexuelles, soumis, par exemple, au trafic à visée sexuelle et qu'on met en regard le texte de la Convention internationale des droits de l'enfant (novembre 1989), on est pris d'un malaise certain. Parce que la fracture est immense.

25. Benoît XVI, extraits de sa conférence de presse dans l'avion qui l'amenait lors de son voyage en Angleterre, mai 2010.

Chapitre 6

« *Vous serez comme des dieux* »

Dieu créa l'homme à son image :

« Faisons l'homme à notre image, selon notre ressemblance. Qu'il soit le maître des poissons de la mer, des oiseaux du ciel, des bestiaux, de toutes les bêtes sauvages, et de toutes les bestioles qui vont et viennent sur la terre. Dieu créa l'homme à son image, à l'image de Dieu il le créa, il les créa homme et femme. Dieu les bénit et leur dit : "Soyez féconds et multipliez-vous, remplissez la terre et soumettez-la. Soyez les maîtres des poissons de la mer, des oiseaux du ciel, et de tous les animaux qui vont et viennent sur la terre." Dieu dit encore : "Je vous donne toute plante qui porte sa semence sur toute la surface de la terre, et tout arbre dont le fruit porte sa semence : telle sera votre nourriture" [1]. »

On connaît par ailleurs le récit de la chute :

« Le serpent était le plus rusé de tous les animaux des champs que le Seigneur Dieu avait fait. Il dit à la femme : "Alors, Dieu vous a dit : Vous ne mangerez le fruit d'aucun arbre du jardin." La femme répondit au serpent : "Nous mangeons les fruits des arbres du jardin. Mais, pour celui qui est au milieu du jardin, Dieu a dit : Vous n'en mangerez pas, vous n'y toucherez pas, sinon vous mourrez." Le serpent dit à la femme : "Pas du tout ! Vous ne mourrez pas ! Mais Dieu sait que, le jour où vous en mangerez, vos yeux s'ouvriront, et vous serez comme des dieux, connaissant le bien et le mal" [2]. »

---

1. Genèse 1, 26-29.
2. Genèse 3, 1-5.

Vous serez *comme* des dieux et non pas: « Vous serez Dieu ». Belle tromperie de l'animal le plus rusé. Nous agissons aujourd'hui comme des dieux vis-à-vis de la création qui, de temps à autre, nous rappelle que nous ne sommes pas grand-chose face à elle. Les catastrophes en témoignent régulièrement. Mais nous sommes face à l'illusion de la toute-puissance de l'homme se croyant capable de modifier radicalement le monde.

Il est curieux de voir d'une part combien est grande aujourd'hui la conscience du respect de la nature, de l'écologie – et c'est heureux – et de constater d'autre part cette volonté, affichée par la théorie du genre, par exemple, de bouleverser radicalement et de détruire l'organisation de la société en niant la différence des sexes inscrite d'emblée dans la nature humaine, diktat devenu insupportable. Aurions-nous oublié que Dieu seul est Créateur? L'homme est pris de vertige lorsqu'il pense créer grâce à des prouesses techniques de plus en plus sophistiquées. Mais l'homme ne fait que se servir d'un matériel déjà existant. Il ne crée pas la vie.

L'une de ses dernières prouesses a été la création de la « première cellule vivante dont le génome a été fabriqué de toutes pièces par l'homme et sa technologie [3] ». La molécule ADN de cette cellule, baptisée Synthia par des journalistes, a été « fabriquée à partir de produits élémentaires contenus dans quatre flacons et d'un synthétiseur chimique ». La découverte de Craig Venter a consisté à « recopier » un génome existant: celui de la bactérie mycoplasme mycoïde. Après avoir recensé tous les éléments chimiques (au nombre de plus d'un million) composant l'ADN de cette bactérie, un nouveau génome a été construit sur le modèle de celui de la bactérie comme un « gigantesque Lego à l'échelle miniaturisée ». Ce nouveau modèle a ensuite été inséré dans une autre bactérie, nommée mycoplasme caprilorum, privée de son propre ADN. Le nouvel

3. Article paru le 21 mai 2010 dans la revue *Science*.

ADN artificiel a alors commencé à travailler et la bactérie s'est divisée, fabriquant de nouvelles bactéries semblables à la bactérie artificielle de départ. Une étape-clé a été franchie dans l'histoire de la biologie : il ne s'agit plus de transférer un gène d'une espèce à une autre – technique qui donne naissance aux OGM – mais de modeler le génome entier.

Les commentaires ont bien souligné à la fois les gigantesques possibilités qu'ouvre cette découverte, mais aussi ses limites. « Craig Venter n'a pas créé la vie, il l'a juste *imitée* », dit le généticien américain David Baltimore dans le *New York Times*. Même affirmation de la part d'Alain Dupas et de Gérard Huber, respectivement physicien et philosophe : Craig Venter « a utilisé des éléments existants du monde vivant, la machinerie chimique d'une cellule d'une part (la bactérie hôte), et un génome certes fabriqué par synthèse, mais pour l'essentiel *copie d'un génome existant* ». Pour le père Thierry Magnin, « notre époque est plus que jamais *convoquée à méditer la Genèse* » qui présente le récit de l'arbre de la connaissance du bien et du mal. Dans le langage biblique, *« connaître le bien et le mal »* revient à « faire l'expérience de toutes choses. [...] La parole divine n'a pas pour but d'empêcher l'homme d'avoir accès à la science. Elle cherche à *le protéger d'un instinct de toute-puissance* dont l'Histoire nous a montré les ravages [4]. »

La réaction du Vatican par le biais de Mgr Zamoyski a été claire : « On peut admettre qu'il s'agisse d'un résultat technique important pour la recherche scientifique, mais il est impropre de définir cette réalisation de cellule d'acte créatif ou de création... C'est la modification de quelque chose qui existe déjà. On ne peut pas parler de création car "seul Dieu est créateur". L'homme, quant à lui, "produit" [5]. »

---

4. Analyse de cette découverte dans *Contact Génétique* du 4.06.2010.

5. Zenit du 27.05.2010.

En fait, « nous sommes parvenus à l'ultime frontière et pour beaucoup à l'ultime tabou : *l'écriture ou plutôt la réécriture du livre de la vie* », estime Joël de Rosnay [6]. C'est le temps de la biologie de synthèse, c'est-à-dire la reprogrammation des organismes vivants comme on reprogramme un ordinateur. Et ceci à partir d'un « biologiciel » : l'ADN, manipulé, fabriqué par des machines à partir de séquences d'ADN téléchargées. L'homme n'a pas créé la vie, *stricto sensu*, mais est capable de la recréer et de créer de nouveaux organismes qui n'existent pas dans la nature. Alors, l'homme devient un démiurge contrôlant sa propre évolution.

---

6. Joël de Rosnay, *Et l'homme créa la vie*, éd. Les Liens qui Libèrent (LLL), avril 2010, téléchargeable gratuitement sur le site www.hommecreavie.com.

Chapitre 7

« *Un temps viendra* »

« Un temps viendra où l'on ne supportera plus l'enseignement solide ; mais, au gré de leur caprice, les gens iront chercher une foule de maîtres pour calmer leur démangeaison d'entendre du nouveau. Ils refuseront d'entendre la vérité pour se tourner vers des récits mythologiques », écrit Saint Paul [1].

Il semble que nous vivions pleinement ce temps. Ce qui est affiché et colporté aujourd'hui, la pratique de l'amalgame et de la confusion, la diffusion de certaines théories risquent de renforcer « la culture de dissociation de notre société : dissociation entre identité et comportement, entre sexualité et procréation, entre union et filiation, entre parenté et parentalité [2] ».

Le drame du temps présent est la dictature de la pensée unique et le terrorisme intellectuel, particulièrement celui des lobbies qui ne supportent pas qu'on puisse penser autrement qu'eux, accusant autrui d'intolérance. Le pape Benoît XVI a rappelé dans une homélie [3] « qu'aujourd'hui, grâce à Dieu, nous ne vivons pas en dictature, mais qu'il existe *des formes*

1. 2 Timothée 4, 3-4.
2. Elizabeth Montfort, LibertéPolitique.com, 28.05.2010.
3. Homélie de la messe présidée par Benoît XVI avec les membres de la commission biblique pontificale, 15.04.2010, Zenit du 16.05.2010.

subtiles de dictature. Un conformisme qui rend obligatoire de penser comme tout le monde, d'agir comme tout le monde. Et une agression subtile et moins subtile contre l'Église démontre que ce conformisme peut réellement être une vraie dictature » ; il ajoutait que « l'obéissance à Dieu » avait « le primat » : « Il faut obéir à Dieu plutôt qu'aux hommes », a-t-il estimé, car cela « donne la liberté ».

Le monde est aujourd'hui face à des choix de société qui peuvent être source de bouleversements radicaux, d'indifférenciation et de confusion généralisées. Peut-on braver impunément la nature sans que celle-ci ne se rappelle à nous avec force et puissance, nous renvoyant au mythe de Prométhée ?

Il semble même que nous soyons déjà bien au-delà de cette question avec ce qu'on appelle le « post-humanisme » ou « trans-humanisme » dont la visée est « l'amélioration » de l'espèce humaine grâce aux progrès des sciences et techniques. Née dans les années 1990 aux USA, l'idéologie trans-humaniste défend l'idée « que les sciences et les techniques peuvent améliorer les caractéristiques physiques et mentales de l'homme ». Jean-Michel Besnier, philosophe, prévient pourtant : « Le monde qui résulterait des prophéties technologiques du trans-humanisme serait celui d'êtres solitaires qui auraient sans doute perdu l'essentiel : les relations entretenues les uns avec les autres en acceptant nos vulnérabilités, qui sont au fondement de la solidarité des êtres humain [4]. »

C'est la dignité particulière de l'homme qui est remise en question, car celui-ci « n'est jamais qu'une concrétion éphémère – et manipulable à loisir – de gènes et de cellules partout présentes dans la réalité organique. [...] Les sentiments et les pensées qui nous habitent [...] résultent d'une

4. Dossier *Le Figaro Magazine* du 08.01.2011 sur la médecine régénérative.

combinaison changeante de substances comme la sérotonine ou l'ocytocine. [...] Ce que nous appelions jusqu'alors la "conscience", l'"esprit" ou l'"âme" ne sont rien de plus qu'une émergence aléatoire et mouvante, produite par un réseau de connexions neuronales ». Plusieurs scientifiques américains, comme Neil Gershenfeld, directeur du *Center for bits and atoms* du MIT (*Massachusets Institute of Technology*) ou Ray Kurzweil, ingénieur et « futurologue » très populaire, soutiennent une telle conception du monde. Selon eux, le concept d'homme, tel que nous en avons hérité, s'évapore de lui-même. Ces scientifiques et chercheurs récusent toute transcendance fondatrice de l'existence humaine, qu'elle soit d'ordre religieux ou métaphysique, comme le fait remarquer le philosophe et polytechnicien Jean-Pierre Dupuy : « Le trans-humanisme [...] est typiquement l'idéologie d'un monde sans Dieu [5]. »

Nous sommes certainement, une fois encore, à une croisée des chemins et des sociétés. Quelles frontières seront-elles franchies ? On connaît la toile de Paul Gauguin : *D'où venons-nous ? Qui sommes-nous ? Où allons-nous ?* Il la peignit en un mois, fin 1897. En 1898, il fit une tentative de suicide. Les avancées technologiques ne peuvent pas signer la mort de l'humanisme et de la transcendance, il est nécessaire qu'elles soient au service de la création et pour le bien de la créature.

Les questions sur l'évolution de la société au cours de ces cinquante dernières années, ces bouillonnements, doivent être source de réflexion et occasion d'approfondir cette réflexion sur ce qu'est l'Homme, l'identité sexuelle, le père ou plus précisément la fonction paternelle, le mariage, la place de la femme, par exemple. Le monde n'est pas appelé à vivre dans la confusion des fonctions, la similitude, la « mêmeté » (que

---

5. Journal *La Vie*, 03.03.2011, p. 24-27 : extraits du livre de J-C Guillebaud : *La Vie vivante. Contre les nouveaux pudibonds*, Éditions des Arènes, mars 2011.

le lecteur me pardonne ce néologisme), mais bien plutôt dans la plénitude de chacun des deux sexes et leur égale dignité.

Ce n'est pas un hasard non plus si le mariage pose problème aujourd'hui. Et pourtant, les enquêtes montrent bien que les jeunes aspirent à connaître une union de longue durée avec le même conjoint. L'alliance fait peur car elle engage, alors qu'il s'agit d'un engagement dans l'amour et la liberté du don de soi. Il faut se souvenir que Jean-Paul II parlait du mariage comme étant « le sacrement primordial [6] » (au sens de premier).

Qu'avons-nous fait du père pour qu'il ait disparu en grande partie, qu'il ait du mal à exister, à être présent, au point que certaines femmes recherchent parfois aujourd'hui seulement un géniteur et s'en séparent sitôt l'enfant désiré obtenu ? N'est-il pas devenu parfois caricatural dans les abus de pouvoir d'un patriarcat mal compris ? Comment s'est exercée l'autorité, c'est-à-dire ce qui fait grandir ? Qu'a été le Père ? Fouettard ou miséricordieux ?

Et quand nous entendions ou lisions la phrase : *« Que les femmes soient soumises à leurs maris comme au Seigneur [7] »*, n'avons-nous pas oublié qu'elle suivait très précisément cette autre phrase : *« Soyez soumis les uns aux autres [8] »* ? C'est-à-dire que l'exercice de l'autorité par le mari et l'épouse dans le mariage s'applique dans une déférence mutuelle et dans la crainte et l'amour du Christ [9]. J'aime à rappeler que le Christ ressuscité apparaît en premier à Marie-Madeleine et que les femmes, qui avaient été les dernières présentes auprès du Christ en croix et les premières à apporter des aromates au sépulcre, ont été missionnées pour aller annoncer aux apôtres la résurrection ; l'évangéliste Luc d'ajouter avec une

---

6. Théologie du corps, audience du 08.09.1982, TDC 099.

7. Ep 5, 22.

8. Ep 5, 21.

9. Mary Healy, *Les hommes et les Femmes viennent d'Éden*, EDB, 2006, p. 110.

certaine malice : « *Ces propos semblèrent du radotage, et ils* [les apôtres] *ne les crurent pas*[10]. » On peut penser que le témoignage d'une femme n'avait aucun poids à l'époque.

Un ami prêtre m'a fait connaître récemment une page sur « l'Amour de Dieu », extraite de *L'Énergie humaine*, essai rédigé par le père Pierre Teilhard de Chardin pendant sa traversée de Marseille à Saigon dans les années 1923-1929 : « Le message essentiel du Christ tient tout entier dans l'annonce d'une Paternité divine » ; traduisons : dans l'affirmation que Dieu, Être personnel, se présente à l'Homme comme le terme d'une union personnelle. Bien des fois déjà (et surtout à l'aube de l'ère chrétienne), le tâtonnement religieux humain avait approché cette idée que Dieu-Esprit ne pouvait s'atteindre que par l'esprit. Mais c'est dans le christianisme seulement que le mouvement atteint sa consistance définitive. Le don du cœur au lieu du prosternement des corps, la communion au-delà du sacrifice, Dieu-Amour et ne s'atteignant finalement que par l'Amour : voilà la révélation psychologique et le secret de l'amour chrétien.

Nous avons à témoigner de cette révélation. Dieu est Amour, Christ est vivant : il appartient à chacun d'entre nous de l'annoncer.

---

10. Lc 24, 11.

Table des matières

Composition et mise en pages réalisées par
Compo66 - Perpignan
060/2012
Imprimé en Slovaquie par Novoprint